# CHEMIN DE FER DE PARIS A ORLÉANS

---

## EXPLOITATION

---

### COURS PRATIQUE ÉLÉMENTAIRE D'EXPLOITATION DES CHEMINS DE FER

---

# LIVRE I

---

# MOUVEMENT

---

CAHORS
IMPRIMERIE TYPOGRAPHIQUE COUESLANT
(Personnel intéressé)

—

1927

# LIVRE I

—

# MOUVEMENT

—



—

# TITRE I

## APPAREILS ET RÈGLES DE SÉCURITÉ

### Conférence de M. DUCONGÉ

Inspecteur Principal (Service du Mouvement)

Il ne saurait être question, en une leçon unique, d'approfondir tous les Règlements qui traitent de la sécurité sur les chemins de fer ; je me bornerai à des généralités, suffisantes cependant pour vous donner une idée de notre organisation. Vous pourrez d'ailleurs parfaire votre instruction en vous reportant à des documents que j'aurai le soin de vous indiquer au cours de cette conférence.

Le principe fondamental de toute organisation collective est la discipline et le mot « discipline » s'entend ici dans le sens de l'obéissance aux Règlements qui ont été élaborés pour assurer le bon fonctionnement de l'ensemble des rouages d'une Compagnie de chemins de fer, et plus particulièrement, la *sécurité des convois*.

La nécessité d'une réglementation pour assurer la sécurité des convois de chemins de fer n'est pas à démontrer ; elle est l'évidence même. Si vous vous rappelez que la circulation des véhicules sur route est astreinte à des règles de sécurité (circulation à droite dans le sens de la marche, usage de feux de nuit, réduction de la vitesse dans certains cas, etc...) vous concevrez facilement que le système des transports sur voies ferrées doit entraîner avec lui des mesures de sécurité particulières en raison de la pratique de vitesses inusitées sur routes, de l'importance des convois et de leur masse.

Ce sont ces mesures de sécurité et leur réglementation qui vont faire l'objet de cette leçon et de leçons ultérieures.

Il est bien évident que, pour établir les règles qui doivent assurer la sécurité d'un convoi en marche ou au repos, il faut tout d'abord rechercher quels sont les dangers à éviter. A *priori*, ces dangers peuvent être dus à cinq causes principales.

1° Défectuosité de la voie ou de ses appareils et, accessoirement, action des intempéries.

2° Défectuosité du matériel.

3° Composition défectueuse des convois.

4° Insuffisance de la surveillance apportée à la marche des trains.

5° Risques de collisions avec d'autres convois.

La Compagnie d'Orléans a bien envisagé ces cinq causes principales de danger et elle a réuni, dans des *Ordres Généraux*, une réglementation qui a pour but d'y parer.

### 1° *Défectuosité de la voie ou des appareils et, accessoirement,*
### *action des intempéries.*

Une voie sur laquelle circulent constamment des trains, quelquefois en très grand nombre, doit nécessairement être maintenue en bon état. Et par voie, il faut comprendre non seulement le chemin sur lequel roulent les trains, mais encore les appareils qui s'y rattachent : les aiguilles qui permettent de changer la direction ou l'itinéraire des convois et les signaux qui indiquent aux mécaniciens ou aux agents chargés du service du mouvement que la voie est libre ou obstruée.

Qu'une voie soit déformée par une cause quelconque (dilatation des rails, affaissement du sol, mauvais état des traverses, etc...), qu'une aiguille soit déréglée, qu'un signal fonctionne mal, et le train qui va survenir risque de dérailler ou d'entrer en collision avec un autre train ou un obstacle quelconque.

La neige, la tempête, le brouillard peuvent rendre l'usage de la voie dangereux ; ils exigent, en tous cas, un redoublement de la surveillance.

L'entretien et la surveillance des voies et de leurs appareils sont assurés par le service de la Voie.

A la tête du service d'entretien et de surveillance de la voie se trouve l'Ingénieur en Chef de la Voie qui agit sous les ordres du Directeur Général et qui est assisté d'Ingénieurs et d'Inspecteurs.

Des Chefs de Section et des Chefs de District commandent immédiatement à des équipes de cantonniers chargés d'entretenir la voie et ses appareils.

L'Ordre Général 5 règle l'organisation du service de la Voie et des Travaux.

L'Ordre Général 6 règle le service de l'entretien et de la surveillance des voies.

L'Ordre Général 17 est relatif aux soins à prendre dans les temps de neige et de verglas.

Nous venons de dire que les aiguilles sont entretenues par les agents du service de la Voie ; dans certains cas, ces aiguilles sont entretenues par des aiguilleurs qui sont des agents du service de l'Exploitation. L'Ordre Général 4 règle le service de l'entretien des aiguilles par les aiguilleurs.

### 2° *Défectuosité du matériel*

Tout wagon qui doit rentrer dans la composition d'un train doit être en état de circuler sans accident. Aussi l'Ordre Général 15 définit-il les conditions d'examen et d'admission des divers véhicules dans les trains.

L'examen des véhicules dans les trains incombe au service de la Traction. L'article 10 de l'Ordre Général 15 dit, en effet :

« Les voitures, wagons et véhicules de toutes sortes sont admis dans
« la composition des trains sous la responsabilité des Chefs de Dépôt,
« Chefs d'Entretien, Chefs d'équipe, visiteurs de l'Entretien et mécaniciens,
« *qui sont seuls chargés* de vérifier et de reconnaître leur état avant leur
« attelage. »

Ainsi donc, aucun wagon n'est incorporé dans un train sans avoir été visité et reconnu en bon état par un agent du service de l'Entretien.

Un véhicule n'est pas visité seulement à la gare de formation du train dans la composition duquel il doit être compris. En cours de route, il peut s'avarier ou son chargement peut devenir défectueux ; aussi est-il vérifié de nouveau dans toutes les gares principales, dites gares de relais, qu'il doit franchir avant son arrivée à destination. Il est, en outre, examiné dès son arrivée à destination.

Dans les gares de formation et de relais, les wagons sont généralement examinés par un « visiteur » du service de l'entretien. En cours de route et dans les stations où il n'y a pas d'agents de l'Entretien il peut être nécessaire de visiter un wagon. Dans ce cas, la visite est faite par le mécanicien.

La formation des trains incombant aux agents du service de l'Exploitation, il importe que ces agents puissent reconnaître les wagons qui ne peuvent circuler ou qui ne le peuvent qu'avec certaines précautions, par exemple « à vide », « après modification du chargement ». Aussi l'Ordre Général 15 prescrit-il que tout wagon qui n'est pas en état d'être utilisé ou qui ne peut l'être qu'avec certaines précautions doit être muni d'une étiquette dite « étiquette de réforme ».

Ces étiquettes, de différentes couleurs selon la nature de la réforme sont collées, de chaque côté du véhicule sur les brancards, pour les voitures à voyageurs, sur les caisses pour les wagons à marchandises.

Ainsi l'agent de l'Exploitation qui forme un train peut, d'un simple coup d'œil, distinguer les wagons à exclure de la composition de ce train.

### 3° Composition défectueuse des convois

Nous venons de voir qu'il est indispensable de ne composer un train qu'avec des véhicules en état de circuler sans accident. Mais cette condition, qui est nécessaire, n'est pas suffisante. Il est bien évident, par exemple, que si l'on veut augmenter la vitesse d'un convoi remorqué par une machine d'une puissance donnée, il faudra diminuer son poids, c'est-à-dire le nombre de ses wagons.

Inversement, si l'on veut faire remorquer par une machine de puissance donnée, un plus grand nombre de véhicules, c'est-à-dire une charge plus grande, on devra diminuer la vitesse du train.

On voit donc déjà que la composition d'un convoi est fonction de sa vitesse, de son poids et de la puissance de la machine.

Mais il y a encore d'autres facteurs dont il faut tenir compte pour la bonne composition d'un train. Ce sont : le profil de la ligne et la résistance des attelages.

On conçoit que l'effort produit par une machine pour remorquer un train sera plus considérable lorsque le train montera une rampe que lorsqu'il roulera sur une surface plane, c'est-à-dire « en palier ». Lorsqu'on composera un train, il faudra donc tenir compte du « profil de la ligne » sur laquelle ce train circulera.

Enfin, il existe une charge, variable avec le profil de la ligne, qui ne peut pas être dépassée sans que les attelages (tendeurs et chaînes) qui réunissent les wagons entre eux ne soient susceptibles de se rompre et cela, *quelle que soit la puissance de la machine*. La composition est donc limitée par cette charge maxima, que l'on appelle « limite de résistance des attelages ».

Cependant on pare quelquefois aux inconvénients de la « limite de résistance des attelages » en adjoignant au train une seconde machine placée en queue et qui *pousse* le train. On utilise par exemple cette machine pour faire franchir une rampe à un train dont la limite de résistance des attelages est atteinte dans cette rampe, alors que sa charge en est plus ou moins éloignée sur le reste du parcours.

Des tableaux établis par le service de la Traction font connaître la charge maxima des machines à des vitesses données pour des parcours déterminés et ils indiquent, en même temps, la limite de résistance des attelages sur ces parcours.

Ces tableaux sont consultés par les agents du service de l'Exploitation qui ont la charge de former les trains.

En résumé on peut dire que la composition d'un train est fonction de sa vitesse, de son poids, du profil de la ligne, de la puissance de la machine et de la résistance des attelages.

Ces conditions de la bonne composition d'un train sont des conditions de traction ; il en est d'autres qu'il ne faut pas non plus négliger. Par exemple, pour la longueur des trains, il faut tenir compte des installations des gares ; il faut qu'un train de voyageurs puisse avoir toutes ses voitures à quai dans les gares ; il faut qu'un train de marchandises puisse tenir tout entier sur une voie de garage sans gêner la circulation sur les voies auxquelles aboutit cette voie de garage. Aussi les trains de voyageurs ne doivent-ils jamais être composés de plus de 24 voitures ; les trains de marchandises ne peuvent pas avoir plus de 80 voitures.

L'Ordre Général 38 § 1ᵉʳ règle la composition des trains.

Certaines marchandises ne peuvent pas rentrer dans la composition de tous les trains. Pour transporter quelques-unes d'entre elles il faut composer les trains de façons particulières. C'est le cas des matières dangereuses (explosibles, inflammables, vénéneuses, etc...) et des matières infectes. L'Ordre Général 19 règle les mesures à prendre pour le transport de ces matières.

### 4° Insuffisance de la surveillance apportée à la marche du train

Un train qui part dans de bonnes conditions de composition d'une gare de formation ou d'une gare de relai peut avoir en cours de route des incidents imprévus qui peuvent influer sur sa sécurité ; détresse de la machine, déplacement d'un chargement, rupture d'attelages, arrêts accidentels à des signaux, etc...

Il est nécessaire qu'il soit constamment surveillé pendant sa marche. Ce soin incombe au chef de train assisté de un ou plusieurs conducteurs.

Les conducteurs sont en relation entre eux et avec le chef de train par des signaux qu'ils peuvent faire : le jour avec un drapeau, la nuit avec une lanterne donnant un feu blanc et un feu rouge. Le chef de train est en relation avec le mécanicien à l'aide d'un cordeau qui actionne un timbre placé sur la machine.

En cours de route, le chef de train a autorité sur tout le personnel du train, y compris le mécanicien et le chauffeur.

L'Ordre Général 3 règle le service du personnel de l'Exploitation (chefs de train et conducteurs) et l'Ordre Général 15 règle les rapports de ce personnel avec celui de la Traction.

Des conférences traitent des matières de ces deux Ordres Généraux.

### 5° Risques de collisions avec d'autres convois

On se prémunit contre ce danger, par la stricte observation d'horaires bien établis, par une bonne signalisation, par un freinage suffisamment efficace et par une bonne réglementation de la circulation.

**Horaire.** — Un train en marche doit suivre un horaire établi d'avance ; le mécanicien et le chef de train, responsables de la marche du convoi, sont munis chacun d'un exemplaire de cet horaire.

**Signalisation.** — Tout un système de signalisation permet de protéger des trains en marche ou arrêtés contre d'autres trains. Il existe des signaux optiques, des signaux acoustiques, des signaux manœuvrés à la main, des signaux manœuvrés à distance, des signaux d'arrêt absolu, c'est-à-dire qui ne peuvent être franchis sous aucun prétexte, des signaux de direction permettant aux mécaniciens de se rendre compte qu'une aiguille est bien disposée pour la direction que doit suivre leur train, des signaux de position indiquant aux mécaniciens la position de certaines aiguilles. Le block-system est un système de signaux qui permet de maintenir entre les trains circulant sur une même ligne des intervalles de distance.

En temps de brouillard, on fait usage de signaux optiques de ralentissement et de pétards.

Les pétards servent aussi à appuyer un signal d'arrêt ; ils ont pour but d'attirer l'attention des mécaniciens.

Enfin on fait usage du télégraphe et du téléphone pour renseigner les gares et les postes intéressés sur la marche des trains.

Sur certaines sections de voie unique, on utilise des cloches électriques pour annoncer à une gare voisine et aux gardes-barrières le départ d'un train, un danger sur la voie, etc...

**Freinage.** — Dans toute composition d'un train, on introduit des freins manœuvrés à la main par des conducteurs. Ces freins en nombre variable selon la composition, la vitesse du train et le profil de la ligne à parcourir, sont manœuvrés sur des signaux émis par le mécanicien à l'aide du sifflet à vapeur de la machine. Lorqu'ils sont serrés, ils aident le mécanicien à obtenir l'arrêt du convoi. Quelquefois, les freins d'un convoi sont des freins automatiques qui fonctionnent sous l'influence de l'air comprimé ; ils sont actionnés par le mécanicien. Lorsque les voitures d'un train sont munies de freins automatiques, on peut réduire le nombre de freins à vis servis par les conducteurs. (Instruction 491).

Comme complément des mesures prises pour assurer la sécurité d'un train en marche et, par conséquent, la sécurité des voyageurs, on a installé dans les trains de voyageurs un appareil dit « d'intercommunication ». Dans les compartiments de voyageurs sont placés des poignées qui, lorsqu'on les actionne, mettent en mouvement une sonnerie placée dans le fourgon du chef de train et dans la vigie du conducteur. Lorsque la sonnerie se fait entendre, le chef de train et le conducteur arrêtent le train et recherchent la cause qui a provoqué le déclenchement du signal. Vous connaissez tous ce signal appelé « signal d'alarme ».

Sur certaines voitures le signal d'alarme est combiné avec les appareils à freins de telle sorte que lorsqu'un voyageur tire la poignée du signal, il détermine en même temps l'arrêt automatique du train.

Je ne vous ai dit qu'un mot de ces importantes questions d'horaires, de signalisation et de freinage parce qu'elles seront traitées en détail dans d'autres leçons.

La circulation des trains est réglée essentiellement sur les Ordres Généraux 12 pour la double voie, 13 pour la voie unique et 21 pour les trains de travaux dits trains de matériaux.

Les Ordres Généraux de la Compagnie d'Orléans ont été peu retouchés depuis leur mise en vigueur qui remonte à l'origine de la Compagnie ; ils contiennent bien tous les principes essentiels de la sécurité qui sont ceux que nous venons d'énumérer, ils servent de base à la Réglementation Générale et présentent un caractère de stabilité des principes.

Mais la réglementation de sécurité doit évidemment évoluer pour tenir compte des améliorations qui sont apportées à l'Exploitation des chemins de fer. Les Règlements nouveaux, conséquence des améliorations, font l'objet *d'Instructions* qui modifient ou complètent les Ordres Généraux.

Exemples: L'Instruction 130 réglant l'usage du téléphone pour l'exploitation de certaines lignes est un complément de l'Ordre Général 20.

L'Instruction 290 réglant l'usage des sémaphores électriques pour le cantonnement des trains sur les lignes à double voie est un complément de l'Ordre Général 11.

Des *Circulaires* complètent à leur tour les Ordres Généraux et les Instructions, font ressortir l'importance de certaines prescriptions ou rectifient des erreurs d'interprétation.

Exemples : La Circulaire 1211 relative au chargement des traverses complète l'Instruction 410 qui concerne la surveillance des chargements en wagons découverts.

La Circulaire 1202 du 25 juin 1917 rappelle les prescriptions destinées à assurer la sécurité des personnes au cours des manœuvres.

Enfin, des *Ordres Spéciaux* renferment des prescriptions qui n'intéressent que certaines gares, certains postes ou certaines lignes.

Exemples : L'Ordre Spécial 6391 règle la circulation sur 4 voies entre Paris et Etampes.

L'Ordre Spécial 6220 indique les mesures de sécurité à prendre pour la circulation des trains sous certains tunnels,

etc.....

Tous ces Règlements de sécurité que nous venons d'effleurer vous seront développés dans d'autres conférences.

Dès l'origine des chemins de fer, le législateur ne s'est pas désintéressé des Règlements de sécurité des entreprises de transports par voies ferrées. Il était alors difficile de prévoir le développement que prendraient ces entreprises, cependant, les auteurs de la première loi relative à l'Exploitation des chemins de fer ont voulu réserver aux Pouvoirs Publics la faculté d'intervenir dans les questions de sécurité. Dans cette loi, qui est celle du 15 juillet 1845 dite « *Loi sur la Police des chemins de fer* », les articles 19 et 21 définissent nettement cette faculté d'intervention des Pouvoirs Publics. Ces articles sont ainsi libellés :

ART. 19. — Quiconque par maladresse, imprudence, *négligence ou inobservation des Lois ou Règlements* aura involontairement causé sur un chemin de fer ou dans les gares ou stations un accident qui aura occasionné des blessures sera puni de 8 jours à 6 mois d'emprisonnement et d'une amende de 50 à 1.000 francs.

ART. 21. — Toute contravention aux *Ordonnances Royales* portant règlement d'Administration publique sur la police, la sûreté et l'exploitation des chemins de fer et *aux arrêtés* pris par les Préfets sur l'approbation du Ministre des Travaux Publics pour l'exécution des dites Ordonnances, sera punie d'une amende de 16 à 3.000 francs.

En cas de récidive dans l'année, l'amende sera portée au double et le Tribunal pourra, selon les circonstances, prononcer en outre un emprisonnement de 3 jours à 1 mois.

Les Ordonnances Royales portant Règlement d'Administration publique, prévues par la loi du 15 juillet 1845, furent bientôt promulguées ; la première, qui est datée du 15 novembre 1846, a été rectifiée par les décrets du 1ᵉʳ mars 1901 et du 11 novembre 1917. C'est ce dernier qui est actuellement en vigueur.

Le décret du 11 novembre 1917 qui, avec la loi du 15 juillet 1845 sur la police des chemins de fer, fait l'objet de l'*Ordre Général 10* de notre Compagnie, comprend 8 titres qui sont les suivants :

Titre 1. — Disposition générale.
Titre 2. — Des gares et de la Voie.
Titre 3. — Du matériel employé à l'Exploitation.
Titre 4. — De la composition des trains.
Titre 5. — Du départ, de la circulation et de l'arrivée des trains.
Titre 6. — De la perception des taxes et des frais accessoires.
Titre 7. — Police et surveillance.
Titre 8. — Dispositions diverses.

Les 4 titres 2, 3, 4 et 5, qui tiennent dans le texte la plus grande place, sont relatifs aux conditions de sécurité. Ils correspondent sensiblement à la division que nous avons donnée au début de la leçon pour l'examen des dangers qu'il s'agit d'éviter. Le titre 1 et le tire 6 ne concernent pas la question sécurité et les titres 7 et 8 n'y ont trait qu'indirectement.

Les règles relatives à la sécurité contenues dans le décret du 11 novembre 1917, tout en restant directement applicables, sont reprises dans les divers Ordres Généraux étudiés en détail dans d'autres leçons.

Le décret du 11 novembre 1917 contient non seulement les règles dont l'application incombe aux Agents de la Compagnie, mais encore des prescriptions qui s'adressent aux personnes étrangères à la Compagnie. Par exemple, l'Article 78 interdit aux voyageurs d'entrer dans les voitures sans avoir pris un billet, d'occuper une place d'une classe supérieure à celle à laquelle leur billet leur donne droit, d'ouvrir les portières après le signal du départ, etc...

L'Article 77 défend à toute personne de modifier ou déplacer sans autorisation et de dégrader ou altérer, pour quelque cause que ce soit, la voie ferrée, les talus, les clôtures, etc..., d'empêcher le fonctionnement des signaux ou appareils quelconques, etc... Il importe que le personnel de la Compagnie puisse intervenir pour constater, par l'établissement de *procès-verbaux*, les infractions à la loi sur la Police des chemins de fer. Les articles 3 et 4 de l'Ordre Général 10 règlent ainsi la question.

Art. 3. — Les crimes, délits, contraventions à la loi du 15 juillet 1845, aux Règlements d'Administration publique et aux arrêtés préfectoraux rendus pour son exécution, les attaques, résistances avec violences ou voies de fait et les injures envers les Agents du chemin de fer dans l'exercice de leurs fonctions, enfin les fraudes, escroqueries commises au préjudice de la Compagnie ou au préjudice de tiers, et les tentatives de crimes et délits doivent faire l'objet de procès-verbaux.

Art. 4. — Le droit de dresser procès-verbal est attribué exclusivement aux *Agents assermentés* ; ces Agents sont particulièrement chargés de veiller à l'exécution des lois et règlements de police concernant les chemins de fer et de constater les délits et dommages de toute nature qui peuvent intéresser directement ou indirectement la Compagnie ou les voyageurs, les expéditeurs et destinataires, et même les tiers.

Les procès-verbaux doivent être rédigés sur papier non timbré suivant un modèle annexé à la suite de l'article 13 de l'Ordre Général 10. Ils doivent être dressés autant que possible au moment où les faits qui en font l'objet ont été constatés ou au moment où ils parviennent à la connaissance de l'Agent assermenté.

Les procès-verbaux doivent être affirmés dans les trois jours de leur rédaction devant le juge de paix ou le maire, soit du lieu où les faits se sont passés, soit de la résidence des Agents rédacteurs. Ils sont ensuite visés pour timbre et enregistrés *en débet*.

Après l'accomplissement de ces formalités, les procès-verbaux sont transmis par les agents qui les ont rédigés à leur Chef de Service local qui les envoie à l'Administration Centrale avec ses observations.

L'Administration Centrale (Service du Contentieux) se réserve de faire elle-même la remise des procès-verbaux aux Parquets.

Toutefois, les procès-verbaux ayant trait à des contraventions de voirie continuent à être adressés directement au Préfet du Département par les Chefs de service locaux.

La faculté de dresser des procès-verbaux donne ainsi aux agents la possibilité d'accomplir la mission d'ordre dont ils sont investis ; ils doivent remplir cette mission avec fermeté, dans les cas, assez rares d'ailleurs, où le public viole sciemment les Règlements, mais la fermeté, en pareille circonstance, n'exclut pas le calme et la convenance et il est prescrit à tous les agents de ne jamais s'en départir, sous aucun prétexte. Ils ne doivent pas oublier que si le public a le devoir de respecter les Règlements, il peut se réclamer aussi de ses droits. A cet effet, aux termes de l'article 94 du décret du 11 novembre 1917, un registre est déposé dans chaque gare et station pour recevoir ses réclamations. Ce registre doit être mis sans délai et à première réquisition, à la disposition de toute personne qui en fait la demande.

Dès qu'une plainte a été inscrite sur le registre, le chef de gare doit en envoyer copie *à l'Inspecteur du Contrôle de l'Etat*.

Qu'est-ce qu'un Inspecteur du Contrôle de l'Etat ? Quelles sont ses fonctions ?

Nous avons dit, tout à l'heure, que la Loi relative à l'exploitation des chemins de fer réserve aux Pouvoirs Publics la faculté d'intervenir dans les questions de sécurité. En fait, cette faculté s'étend à toutes les questions de l'exploitation des chemins de fer. L'article 70 du décret du 11 novembre 1917 indique comment s'exerce cette intervention. Il est ainsi conçu :

Art. 70. — La surveillance de l'Exploitation des chemins de fer d'intérêt général s'exerce concurremment :

Par les Ingénieurs des Ponts et Chaussées ou des Mines, les Conducteurs des Ponts et Chaussées, les Contrôleurs des Mines,

Par les fonctionnaires du Contrôle de l'Exploitation Commerciale,

Par les Inspecteurs du Contrôle de l'Etat

Et par les autres agents du Contrôle.

Les agents du Contrôle qui sont des fonctionnaires du Ministère des Travaux Publics et des Transports ont pour mission de veiller d'une manière générale à l'exécution des lois et règlements concernant les voies ferrées ainsi que des conventions et cahiers des charges relatifs à chaque réseau.

Cette surveillance est exercée plus immédiatement par les Inspecteurs du Contrôle de l'Etat qui ont leurs bureaux dans les principales gares des réseaux.

L'Instruction 15 rappelle que les Fonctionnaires de l'Administration Publique dans les gares, et notamment les Inspecteurs, ont le droit aux égards de tous les agents de la Compagnie ; ces agents leur doivent le salut.

L'Ordre Général 10 dont je viens de vous résumer les grandes lignes est complété par des instructions numérotées de 14 à 20 relatives au Contrôle administratif et à la police des chemins de fer. J'attire particuliè-rement votre attention sur l'Instruction N° 18 relative aux avis à donner en cas d'accidents ou de tentatives criminelles. Cette Instruction rappelle les termes de l'article 75 du décret du 11 novembre 1917 ainsi conçus :

ART. 75. — Toutes les fois qu'il arrive un accident sur un chemin de fer d'intérêt général, il en est fait immédiatement déclaration par la Compa-gnie ou par ses agents à l'Inspecteur du Contrôle de l'Etat de la cir-conscription.

Lorsque l'accident présente une certaine gravité, la Compagnie exploi-tante avise en outre, par la voie la plus rapide, le Ministre des Travaux Publics et des Transports, le Directeur du service de contrôle, le Préfet du département, les Ingénieurs du Contrôle de la Voie et de l'Exploitation.

Lorsqu'il se produit un fait de nature à donner ouverture à l'action publique, et, en tout cas, s'il y a mort ou blessure, cet avis doit être également transmis au Procureur de la République.

L'Instruction 18 indique comment il convient d'appliquer les prescrip-tions de cet article 75, pour la transmission des avis d'accidents.

# TITRE II

## COMPOSITION, CHARGE ET FREINAGE DES TRAINS

### Conférence de M. BENOIST
#### Inspecteur Principal (Service du Mouvement)

### A. — Composition des trains

Toutes les dispositions relatives à la formation des trains de voyageurs et de marchandises sont prises par les Chefs de gare et de station ou sous leur responsabilité.

Les Chefs de trains doivent, avant le départ, vérifier si la composition de leur train est conforme aux règles prescrites exposées ci-après et, dans le cas où il n'en serait pas ainsi, avertir immédiatement le Chef de gare.

**Responsabilité de la formation des trains.** (*Art. 1ᵉʳ de l'Ordre Général 38*).

Les trains de voyageurs et les trains de voyageurs mixtes transportant en même temps des voyageurs et des marchandises et marchant à une vitesse nominale *de plus* de 35 kilomètres à l'heure ne peuvent jamais être composés de plus de 24 voitures (1).

**Trains de voyageurs et de voyageurs mixtes.** (*Art. 2 de l'Ordre Général 38*).

Tous les wagons entrant dans la composition des trains portant des voyageurs marchant à une vitesse nominale *de plus* de 35 kilomètres à l'heure doivent être munis de tampons à ressorts et de ressorts de traction.

Ils doivent être attelés de telle manière que les tampons se trouvent en contact et ne se séparent pas au démarrage.

Toutefois, si la vitesse de ces trains ne dépasse pas 40 kilomètres à l'heure, on peut faire entrer dans leur composition des wagons *à tampons secs* pourvu que 2 wagons de cette nature ne se suivent pas immédiatement ou qu'ils soient attelés l'un à l'autre par une barre d'attelage à ressort, les wagons ne pouvant jamais être attelés uniquement au moyen de chaînes et leurs tampons devant toujours être en contact avant le démarrage.

En ce qui concerne les trains *express*, il est indispensable pour la sécurité, que tous les véhicules composant ces trains soient étroitement attelés ensemble de telle sorte que le train entier forme une masse rigide et que toute oscillation partielle soit rendue impossible. Il ne suffit donc pas que les tampons des voitures soient mis en contact, il faut en outre que les tendeurs d'attelages soient serrés avec toute la force d'un homme afin que les tampons ne puissent pas s'écarter soit au démarrage, soit à l'arrêt des trains.

---

(1) Le véhicule obtenu en jumelant 2 caisses sur 3 bogies est compté pour 2 voitures dans la composition des trains quelle que soit leur nature.

D'autre part l'Instruction 496 autorise l'introduction de voitures à voyageurs dans les trains de messageries dont la composition peut atteindre 40 voitures sur certaines sections.

**Fourgon de choc.** (*Art. 2 de l'Ordre Général 38*).

Il doit toujours y avoir en tête de chaque train entre le tender et la première voiture de voyageurs au moins un véhicule ne portant pas de voyageurs, cette obligation ne s'applique *ni aux trains légers*, ni aux trains de secours, *ni aux trains de composition spéciale* qui en auront été dispensés par le Ministre des Travaux Publics. Le véhicule de choc peut être remplacé par une partie de voiture à voyageurs formant fourgon.

**Trains de marchandises mixtes.** (*Art. 3 de l'Ordre Général 38*).

Les trains de marchandises mixtes qui transportent en même temps des marchandises et des voyageurs et qui marchent à une vitesse de 35 kilomètres et au-dessous ne peuvent jamais être composés de plus de 60 véhicules.

**Trains de marchandises.** (*Art. 4 de l'Ordre Général 38*).

En principe, le nombre de véhicules à faire entrer dans la composition d'un train de marchandises ne doit pas dépasser 60. Certains trains toutefois circulant sur des sections désignées (1) peuvent comporter 80 véhicules.

Les wagons doivent être attelés de telle sorte que les tampons se trouvent en contact sans être serrés.

**Trains spéciaux militaires.** (*Art. 5 de l'Ordre Général 38*).

La composition des trains militaires marchant à la vitesse habituelle des trains de marchandises ne doit pas dépasser le nombre total de 60 véhicules.

Toutefois, les trains ne contenant que des approvisionnements, sans hommes ni chevaux, sont considérés comme trains de marchandises ordinaires, au point de vue du nombre de véhicules qu'ils pourront comprendre.

**Trains formés de façon que les conducteurs se voient.** (*Art. 6 de l'Ordre Général 38*).

Enfin les trains doivent toujours être formés de telle manière que le garde-frein placé en tête puisse apercevoir les signaux faits par les autres gardes-freins. Ces dispositions ne sont pas applicables aux trains de voyageurs dans lesquels fonctionnent normalement le frein continu et l'intercommunication et dont tous les gardes-freins disposent des appareils nécessaires pour actionner le frein continu ou le signal d'alarme.

**Feuille de mouvement de matériel.** (*Art. 12 de l'Ordre Général 38*).

Tout wagon entrant dans la composition d'un train est inscrit sur une feuille désignée sous le nom de feuille de mouvement du matériel (mod. 902 voyageurs ou 903 marchandises).

Cette inscription comprend le numéro et la série du wagon, le nom de la Compagnie propriétaire, la tare du wagon et le poids de son chargement, ainsi que l'indication de la gare de départ et de la gare d'arrivée du wagon par le poinçonnage du numéro de ces gares dans les colonnes « pris à » et « laissé à ».

La feuille 903 (*imprimé pour trains de marchandises*) comprend en outre l'indication du nombre de bordereaux de chargement et les numéros des répartitions.

La feuille de mouvement du matériel est remise au chef de train par la gare de formation qui est tenue d'y porter toutes les indications concernant les wagons qui composent le train au départ. Les freins en service sont désignés par la gare et marqués sur la feuille par la mention F. S. T. pour le frein de tête et F. S. (ou F. C. s'il s'agit du frein à air dans les trains partiellement freinés au frein continu) pour les autres freins servis, cette mention est inscrite en face du numéro du wagon.

---

(1) Ces sections sont actuellement les suivantes : Paris à Bordeaux, Aubrais à Vierzon et St-Pierre à Vierzon.

Les mentions F. S. T. ou F. S. sont à compléter par l'inscription entre parenthèse du poids à compter pour le freinage.

Les numéros de tous les véhicules placés devant le premier frein à main servi par le conducteur de tête *sont soulignés* de façon à obtenir rapidement le poids de la partie du train située derrière ce frein (renseignement nécessaire pour le contrôle du freinage de dérive).

La gare de départ indique en outre sur la feuille de mouvement mod. 903, en regard des mots « freinage effectif » et « freinage réglementaire », le freinage effectivement assuré derrière le premier frein à main servi et celui réglementairement nécessaire derrière ce même frein pour le parcours où le freinage est le plus élevé. Ces indications sont signées par le Chef de Service.

Les renseignements concernant les wagons pris en cours de route sont inscrits par les soins des gares intermédiaires.

Le Chef de train doit faire constater très exactement les adjonctions et les retraits de wagons ainsi que la prise en charge et la remise des écritures par le poinçon des gares où ils ont lieu. Il indique, le cas échéant, sur la feuille de mouvement les modifications apportées au freinage.

### Renseignements complémentaires sur la composition des trains

L'Instruction 452, 2° tirage, indique que la longueur des trains doit être limitée à celle des voies de garage.

Elle fait connaître que les wagons ordinaires doivent être comptés pour *8 mètres*. Exceptionnellement les voitures et fourgons à bogies français doivent être comptés pour 2 wagons, de même pour les voitures à voyageurs ayant 6 compartiments *ou plus*.

Les autres véhicules à bogies doivent être comptés à raison de 3 wagons pour 2 véhicules.

Enfin les machines sont comptées pour trois wagons.

L'Instruction 494, 2° tirage, fait connaître les conditions d'admission des voitures et wagons de diverses natures dans les trains, tant pour le matériel appartenant à la Compagnie d'Orléans que pour celui appartenant aux Compagnies étrangères.

Des tableaux figurant dans cette Instruction indiquent les vitesses *inscrites* maxima des trains dans lesquels les wagons fractionnés en série peuvent circuler.

Indépendamment des indications du tableau concernant le matériel étranger :

1° Aucun véhicule ne doit être admis dans les trains de notre réseau dont la vitesse *inscrite* est supérieure à 55 kilomètres *s'il n'est pas muni de la suspension à menottes*.

2° Les véhicules pesant *moins de 8 tonnes* (tare et chargement compris) ne doivent pas être placés en queue des trains de vitesse inscrite supérieure à 60 kilomètres.

3° Les wagons qui ne sont pas munis de tampons à ressorts et de ressorts de traction, ne sont admis que dans les trains dont la vitesse ne dépasse pas 35 kilomètres.

En cas de doute, un véhicule reçu chargé d'une Compagnie étrangère peut continuer sur notre réseau par des trains de vitesse inscrite ne dépassant pas celle du train par lequel il est arrivé à la gare de transit.

Au retour, ce véhicule vide ou chargé ne devra être admis que dans les

**Limitation de la longueur des trains.** *(Instruction 452) (2° tirage).*

**Admission des voitures et wagons dans les trains.** *(Instruction 494 et Art. 10 de l'Ordre Général 15).*

trains de vitesse inscrite n'excédant pas 55 kilomètres sur une partie quelconque de leur parcours.

En outre, l'article 10 de l'Ordre Général 15 fait connaître que les voitures, wagons et véhicules de toute sorte sont admis dans la composition des trains sous la responsabilité des chefs de dépôt, chefs d'entretien, chefs d'équipe, visiteurs de l'entretien qui sont seuls chargés de vérifier et de reconnaître leur état avant leur attelage.

**Classement dans les trains de wagons non munis de marchepieds.** (*Instruction 495*) (*2° tirage*).

L'Instruction 495, 2° tirage, cite une décision ministérielle du 10 juillet 1914 autorisant « la suppression des moyens de circulation le long des « trains où fonctionne l'intercommunication. Cette circulation devant tou- « tefois rester possible dans les trains mixtes où les conducteurs accompa- « gnant les voyageurs n'ont pas le moyen de provoquer l'arrêt du train ».

Pour l'exécution de cette décision, les gares doivent grouper les wagons non munis de marchepieds de telle sorte que de toutes les voitures à voyageurs on puisse communiquer par une suite non interrompue de marchepieds avec un des gardes-freins.

**Attelage en queue des trains des wagons avariés.** (*Art. 7 de l'Ordre Général 38*).

Un wagon ayant des avaries de tampons ou d'attelages à *une de ses extrémités* ne peut être attelé qu'en queue d'un train, il doit autant que possible circuler dans un train de jour, il doit être exclu de toute manœuvre à la machine et ne pas être tamponné.

## B. — Charge des trains

**Généralités.** (*Art. 8 de l'Ordre Général 38*).

La charge des trains de toute nature circulant sur le réseau d'Orléans est comptée d'après le poids des wagons remorqués.

Le poids d'un wagon se compose :

1° du poids du véhicule (tare du wagon).

2° du poids de son chargement.

**Poids des véhicules.** (*Art. 9 de l'Ordre Général 38*).

Les chiffres à prendre dans le calcul de la charge des trains comme poids des véhicules vides (ou tares des wagons) sont ceux figurant sur les caisses ou les brancards de ces véhicules. Si des machines froides ou tenders entrent dans la composition des trains, le poids en est compté conformément aux indications données par le Service de la Traction dans chaque cas particulier.

**Poids du chargement** (*Art. 10 de l'Ordre Général 38*).

S'il s'agit de marchandises en grande vitesse, de bestiaux, voitures et chevaux en G. V. ou P. V., un tableau indique le poids à compter pour ces divers chargements dont le poids effectif ne peut être exactement évalué.

En ce qui concerne les wagons chargés de marchandises en petite vitesse, le poids du chargement s'obtient par l'addition des poids portés sur les bordereaux de chargement.

Ces bordereaux sont placés dans des feuilles de tonnage de divers modèles qui sont remises aux chefs des trains par lesquels partent les marchandises.

**Poids du chargement à porter sur les étiquettes.** (*Art. 15 de l'Ordre Général 38*).

Le poids du chargement doit être mentionné sur les étiquettes dont chaque wagon doit être muni (une de chaque côté).

## Charge normale des trains

Pour faire un service économique les chefs de gare doivent s'attacher à faire former à pleine charge les trains de marchandises et les trains mixtes.

Des tableaux mod. 4644 établis par le Service de la Traction et groupés en un livret indiquent les charges normales que peuvent remorquer les différentes séries de machines d'après les déclivités des sections parcourues et suivant les vitesses des trains remorqués par ces machines.

Quand cette charge normale doit être réduite ou peut être augmentée, le chef de dépôt en donne avis au chef de gare, une heure au moins avant le départ du train, il procède de la même manière lorsqu'il fournit la double traction.

En ce qui concerne les trains réguliers, les machines sont toujours les mêmes en général ou de mêmes séries, elles sont désignées à l'avance dans des tableaux ou graphiques du Service de la Traction appelés roulements.

Dans le cas où la composition d'un train devra dépasser la charge fixée pour une seule machine, le Chef de gare devra en prévenir le chef de dépôt le plus tôt possible, et de façon à laisser à ce dernier au moins 15 minutes pour préparer une deuxième machine. (Prescriptions applicables surtout aux trains G. V.) (1).

Quant aux trains facultatifs ou spéciaux, le chef de dépôt prévenu ainsi qu'il est prescrit par l'article 2 de l'ordre Général 15 donne le numéro et la charge de la machine qui doit remorquer le train commandé. Cette charge *normale* ne peut être dépassée sans le consentement du mécanicien.

Toute demande de surcharge est faite par le Chef de gare sous forme de réquisition, elle est limitée par l'effort que peuvent supporter les attelages sans toutefois excéder le 1/10ᵉ de la charge normale des machines, sauf entente préalable avec le mécanicien ou le Chef de dépôt avant la sortie de la machine du dépôt et exception faite pour les pentes égales ou supérieures à 25 mm., ainsi que pour les sections où les charges indiquées à la descente sont supérieures à celles indiquées à la montée, auxquels cas les chiffres de charge normale figurant au tableau mod. 4644 sont considérés à la descente comme des maxima qui ne doivent être dépassés en aucun cas.

Une page du livret groupant les tableaux mod. 4644 indique, pour les différentes vitesses et pour chaque coupure de déclivité, la charge limite de résistance des attelages, c'est-à-dire la charge qui ne peut être dépassée sans compromettre la sécurité des attelages.

## C. — Composition et charge effectives des trains

La gare qui forme et expédie un train, règle sa composition et sa charge tant au départ que sur tout le parcours qu'il doit suivre sur la section. A cet effet, elle inscrit sur une feuille mod. 901 P. C. (journal du train) le nombre et le tonnage des wagons à prendre aux gares et stations intermédiaires.

Pour les wagons vides un modèle 904 remis au Chef de train indique le nombre et les lettres des séries des wagons à laisser ou à prendre.

Les wagons à laisser en cours de route figurent d'ailleurs sur la feuille de mouvement.

---

(1) Dans les limites fixées par l'Instruction 330 (2ᵉ tirage).



---

**Marginal notes:**

**Charge à donner aux trains.** (*Art. 11 de l'Ordre Général 38*).

**Charges limites de résistance des attelages.**

(*Art. 17 de l'Ordre Général 38*). **Wagons à prendre ou à laisser en cours de route par les trains.**

*(Art. 16 de l'Ordre Gé-néral 38).* **Note des wagons à faire pren-dre aux gares et stations intermé-diaires.** *(Mod. 153).*

Un bulletin Modèle 153 envoyé par les gares intermédiaires à la gare de formation lui fait connaître le tonnage des wagons à prendre par le train qu'il indique, leur destination, l'importance de chacune des expéditions comportant plusieurs wagons. Il doit parvenir à la gare de formation 4 heures au moins avant le départ du train qui doit prendre les wagons. L'urgence du départ des wagons doit être indiquée pour le cas où ils ne pourraient tous partir par le train désigné. Ce bulletin doit aussi mentionner le poids à compter comme frein pour les wagons utilisables au freinage des trains.

En cas de chargement tardif, un avis par dépêche peut remplacer le mod. 153.

Quand tous les wagons ne peuvent être pris, la gare de formation en donne avis, et fait connaître le train par lequel elle pourra les faire prendre.

*(Art. 17 de l'Ordre Gé-néral 38).* **Adjonc-tion aux trains des wagons qui ne sont pas portés sur la feuille mod. 901 P. C. et sur le borde-reau mod. 904.**

Cette adjonction peut se faire quand la composition et la charge du train le permettent. Si la charge normale doit être atteinte en cours de route, les wagons à expédier sont proposés au mécanicien à titre de surcharge ; s'il s'agit de wagons dont l'expédition est urgente, on peut les mettre à la place d'autres wagons pouvant être ajournés sans inconvénient.

*(Art. 13. Ordre Général 38).* **Journal du train.** *-(Modèle 901 P. C.)*

Il est établi pour chaque train et par section un journal de train (appelé parfois feuille de marche) destiné à faire connaître d'une part les heures d'arrivée et de départ du train à chaque gare et station ainsi *que toutes les circonstances du trajet ;* d'autre part, à constater la composition et le poids du train et à *indiquer les prises de route.*

Le journal du train est établi en double exemplaire, au décalque, l'ori-ginal, signé contradictoirement par le Chef de train et le mécanicien, est conservé par le Service de l'Exploitation ; le décalque est remis au mécani-cien à l'arrivée du train au point terminus ou au point d'échange de machine.

L'état du temps, la présence de neige ou de verglas doivent être mention-nés sur le Mod. 901.

Le modèle 901 doit mentionner les bulletins de réduction de charge dressés par les chefs de dépôt en conformité de l'article 9 de l'Ordre Géné-ral 15 et remis au Chef de gare.

Lorsqu'un train change exceptionnellement de numéro en cours de route, le journal du train doit rappeler son numéro initial par la mention *« acheminement du train N°..... ».*

A chaque gare, le Chef de train peut refaire rapidement le tonnage du train, d'une part avec le tonnage de wagons à prendre, indiqué sur une note que lui remet le Chef de gare, d'autre part avec le tonnage des wagons qu'il laisse et sur lequel il est fixé d'avance au moyen des feuilles du train. S'il doit y avoir surcharge, le Chef de train en informe le Chef de gare ou station qui prend les mesures prescrites en pareil cas (Articles 11 et 17 de l'Ordre Général 38).

Avant d'effectuer la remise du journal du train à la gare d'arrivée, *le Chef de train y inscrit,* en regard de la charge normale du train, *la charge effective maxima par coupure de section.*

Les journaux de trains sont ensuite envoyés aux Inspecteurs Principaux Chefs d'Arrondissement qui les examinent.

## D. — Freinage des trains

Les freins ont pour but *d'arrêter les trains* dans un espace déterminé et *d'empêcher les dérives* dans les pentes en cas de rupture d'attelage.

Dès qu'un train est composé et que les gardes-freins connaissent le poste qui leur est assigné, ils ont à s'assurer que la voiture sur laquelle ils doivent prendre place est pourvue d'un frein à main en bon état.
**Freins à main.** *(Art. 23 de l'Ordre Général 3).* **Vérification des freins** *(Instruction 488).*

Le freinage d'un train s'obtient en actionnant le moment venu les freins d'un nombre variable de véhicules convenablement répartis; par conséquent, *en freinant une proportion plus ou moins forte de la charge de ce train.*
**Nouvelle réglementation du freinage au poids.**

On déterminera ce freinage de façon :

1° A obtenir *l'arrêt* du train supposé marcher à sa vitesse maximum dans les limites du parcours d'arrêt fixées par les règlements en adoptant comme profil le maximum de la *déclivité moyenne* sur la section parcourue.
**Freinage d'arrêt.**

2° A empêcher en cas de rupture d'attelage se produisant à la montée d'une rampe, qu'une partie du train ne descende en dérive, sous l'action de la pesanteur ; il faut alors supposer que cette dérive peut se produire sur la rampe *de déclivité maximum* existant sur la section.
**Freinage de dérive.**

Les barèmes donnant les poids des freins à serrer doivent donc tenir compte des sections parcourues, de la charge du train, de la vitesse maximum qu'il peut atteindre ; ils tiennent compte, en outre, de la puissance d'arrêt de la machine qui remorque le train. Enfin, on a supposé pour établir le freinage de dérive que la rupture d'attelage pouvait se produire soit derrière la machine (ou le tender s'il y en a un), soit derrière le 1er frein à main servi.

L'Instruction 487, 2e tirage, énumère tous les principes de nouveau freinage au poids.
*(Instruction 487 (2e tirage).* **Trains freinés par des freins à vis.**

Elle fait connaître comment on doit choisir les freins et comment ils doivent être placés dans le train. Elle indique quel poids on doit compter pour chaque frein, pour chaque jumelage de freins, pour les wagons freinés au frein continu placés en tête d'un train (1).

Elle renseigne en outre sur l'emploi de la double traction en tête, de la machine de renfort en queue et mentionne les précautions à prendre en cas de freinage insuffisant en cours de route.

Enfin, elle fait connaître sur quelles vitesses doit être calculé le freinage.

Un livret de freinage contient les barèmes nécessaires au calcul du freinage à introduire dans tous les trains.

Un tableau M. F. annexe à ce livret contient des barèmes de freinage majoré pour les trains remorqués par des machines sans sabots, sur des sections ou parties de sections désignées ayant des déclivités égales ou supérieures à 10 ‰.

---

(1) Les trains de marchandises peuvent en outre des freins à main servis comporter derrière la machine 1 ou 2 wagons au plus actionnés par le frein à air de la machine.

**(*Instruction 347*). Enrayage des wagons abandonnés sur voie principale.**

**(*Instruction 489*). Freins à vis d'un modèle spécial.**

En terminant, il est nécessaire d'indiquer que l'Instruction 347 comporte les prescriptions à suivre en cas d'immobilisation de rames sur voies principales dans le cas de coupures du train pour les manœuvres, et que l'Instruction 489 mentionne les opérations à effectuer pour le serrage et le desserrage des freins à vis d'un modèle spécial, en usage sur certaines Compagnies étrangères (Nord, Est et État).

**Frein continu ou automatique.**

La Compagnie d'Orléans utilise le freinage à l'air comprimé pour les trains de voyageurs, de denrées et marchandises à vitesse accélérée.

Ce freinage est dit *continu* parce que le serrage des freins se produit simultanément sur tous les véhicules et *automatique*, parce qu'en cas de rupture d'attelages, il y a serrage immédiat des freins.

**(*Instruction 490*). Description des appareils.**

L'Instruction 490 donne la description des appareils, et indique comment et par qui ils peuvent être manœuvrés.

Elle fait connaître les dispositions à prendre pour atteler les voitures munies des appareils de frein continu, et pour procéder à l'essai de serrage des freins avant le départ, et en cours de route lorsque la composition du train est modifiée.

**(*Instruction 491*) (*2e tirage*). Réglementation des conditions de freinage des trains freinés exclusivement au frein continu.**

L'Instruction 491, 2e tirage, réglemente ces conditions de freinage. Dans la composition des trains freinés exclusivement au frein continu on doit néanmoins introduire le nombre de freins à main tel qu'il résulte de l'Instruction 487, 2e tirage, pour le cas où le freinage à air ne fonctionnerait pas.

Toutefois, le nombre des freins pourra être réduit : A un frein servi à l'arrière si la composition du train n'excède pas 6 véhicules.

A un frein servi en tête et à un frein servi en queue si la composition dépasse 6 véhicules.

Un train peut être freiné normalement au frein continu toutes les fois que le *nombre des voitures non munies de l'appareil ou dont l'appareil est paralysé n'excède pas le 1/3 de la composition totale du train*, sans d'ailleurs que ce nombre puisse être supérieur à *quatre* dans les trains marchant à une vitesse nominale de *60 kilomètres et au-dessus*.

Sur les sections où les déclivités sont supérieures à 11 ‰ par mètre, le freinage de dérive, calculé d'après les prescriptions de l'Instruction 487 (2e tirage), s'obtient, dans la rame des voitures non munies du frein continu classées en queue, en appliquant le barème de dérive à la charge placée *derrière le dernier des wagons freinés au frein continu*.

La même règle s'applique également sur les autres sections toutes les fois que le nombre des voitures non munies du frein continu *est supérieur à 2*.

Lorsque dans les trains de toute nature, le nombre des véhicules non munis de l'appareil du frein à air ou dont l'appareil est paralysé excède le 1/3 de la composition totale du train, le freinage doit être réglé d'après l'Instruction 487 (2e tirage).

Toutefois, si dans les trains démunis accidentellement du frein continu il y a des véhicules *pouvant être freinés effectivement au frein continu*, ils sont comptés comme freins servis pour un poids freiné égal à la tare de chacun d'eux augmentée d'un tiers, sans tenir compte du chargement (sauf pour les wagons américains comptés pour 10 tonnes). Dans ce cas le freinage est complété jusqu'à concurrence du poids total à freiner par des freins à main servis, répartis dans le reste du train conformément aux prescriptions de l'Instruction 487 (2e tirage). Exceptionnellement pour ces trains, le freinage pour la dérive, calculé d'après les prescriptions de cette Instruction, s'obtient en appliquant le barème de dérive à la charge placée *derrière le dernier des wagons freinés au frein continu, qui forment la rame de tête du train.*

Les avantages du frein continu : rapidité de freinage et manœuvre par un seul agent (mécanicien ou garde-frein) ont conduit à l'utiliser pour les trains de marchandises.

**Application du frein continu aux trains de marchandises.**

Les trains de marchandises *à marche accélérée* désignés sur les tableaux de marche par l'indice W peuvent circuler entre Paris et Bordeaux, entre Les Aubrais et Vierzon, entre St-Pierre-des-Corps et Vierzon, entre Brétigny et St-Pierre-des-Corps.

**Trains de marchandises à marche accélérée.** (*Ordre spécial 6420 (4ᵉ tirage).*)

La composition de ces trains de marchandise à vitesse accélérée pourra atteindre 80 véhicules d'Ivry à Bordeaux, de St-Pierre à Vierzon et des Aubrais à Vierzon, sans toutefois dépasser les tonnages maxima fixés par le tableau contenu dans l'Ordre Spécial 6420 (4ᵉ tirage) et variant avec les sections parcourues, les catégories de machines utilisées et les vitesses limites autorisées. Ces limitations de charge ne visent d'ailleurs que le freinage et sont indépendantes des autres limites pouvant résulter de la puissance des machines et de la résistance des attelages.

Le frein continu fonctionne partiellement dans ces trains conformément aux prescriptions suivantes de l'Ordre Spécial 6420 (4ᵉ tirage). On dispose en tête 5 ou 6 véhicules freinés au frein continu donnant au total un poids frein au moins égal à 65 tonnes et inférieur à 85 tonnes, sans qu'il soit tenu compte du poids des chargements de ces wagons (1).

Le freinage à la main des wagons qui suivent la rame de tête freinée au frein à air est assuré normalement *sans qu'il soit tenu compte du conducteur de tête* par le personnel ci-après.

a) Dans les trains de *60 véhicules au plus,* par 2 agents freinant un poids total minimum de 32 tonnes (tares et chargements compris, mais en tenant compte des cartouches que portent les wagons, s'il y en a).

b) Dans les trains *de plus de 60 véhicules,* par 3 agents freinant un poids total minimum de 45 tonnes (tares et chargements compris, compte tenu également des cartouches.

Chacun de ces gardes-freins et notamment celui de queue pourra d'ailleurs servir deux freins jumelés dont le poids total sera alors compté pour les 3/4 de la somme des poids à compter pour chacun d'eux.

Si les poids minima à freiner à la main, ci-dessus indiqués, ne peuvent être atteints avec 2 ou 3 freins suivant le cas, le nombre de ceux-ci sera augmenté jusqu'à ce que ces poids soient atteints.

Quand, pour une cause quelconque, le fonctionnement des freins continus se trouve supprimé, le Chef de station (ou le Chef de train) avise le mécanicien, on en revient à l'application de l'Instruction 487, 2ᵉ tirage, en réduisant la vitesse du train suivant le nombre de freins à mains servis jusqu'au point où l'effectif des gardes-freins pourra être complété ou jusqu'au point où le Service de la Traction pourra faire reprendre l'usage du frein continu.

---

(1) Les wagons américains à bogies sont admis dans cette rame de tête freinée au frein continu : ils ne peuvent compter chacun que pour 10 T.

**Application du frein continu aux trains de denrées.** (*Circulaire 1230 et Instruction 496*) (*3ᵉ tirage*).

La Circulaire 1230 et l'Instruction 496, 3ᵉ tirage, fixent les règles à appliquer pour l'utilisation du frein à air dans les trains de messageries et denrées dont la composition dépasse 24 voitures. Pour le fonctionnement de ce freinage, la composition peut aller jusqu'à 40 voitures suivant la vitesse du train et la section parcourue.

Au-dessus de 24 voitures, le train ne doit jamais marcher à une vitesse nominale *supérieure à 65 kilomètres*.

**Application du frein continu aux trains mixtes.** (*Instruction 497*).

Les trains mixtes doivent être composés de façon à ne pas perdre de temps en cours de route, ils ne doivent avoir des wagons à prendre ou à laisser dans les gares intermédiaires sur une section, que si les stationnements sont suffisants.

Lorsqu'un train mixte sera remorqué par une machine munie du frein continu, si au départ la composition de ce train est de nature à permettre l'usage normal de ce frein dans les conditions prévues par l'Instruction 491, 2ᵉ tirage, les véhicules munis devront occuper une place permettant le fonctionnement du frein continu et ce freinage devra être utilisé pour les arrêts du train.

**(*Instruction 354*). Serrage des freins des véhicules freinés au frein continu.**

Lorsque des véhicules freinés au frein continu sont pendant un certain temps séparés de la machine, il peut se produire progressivement un desserrage des freins.

Ces véhicules n'étant plus freinés peuvent se mettre en marche.

Les prescriptions de l'Instruction 347 sont applicables aux trains de toute nature, fractionnés de manière qu'un ou plusieurs véhicules soient abandonnés à eux-mêmes sur les voies.

**Frein à air modérable.**

Certains véhicules de notre Compagnie sont munis de deux accouplements de frein à air.

Pour leur circulation sur notre réseau on n'utilise que l'accouplement muni de robinets.

Le deuxième accouplement s'adapte à une deuxième conduite de frein dont sont munis les wagons de la Compagnie de Lyon sur lesquels fonctionne le frein à air modérable, qui produit un freinage progressif.

Le principe de ce freinage est d'ailleurs adopté par notre Compagnie pour l'application de l'Ordre Spécial 6420 (4ᵉ tirage) cité précédemment.

Un dispositif spécial qui se trouve sur les machines des trains de marchandises à vitesse accélérée permet de serrer d'abord progressivement les freins de la machine au frein modérable, puis après un court intervalle les freins de la rame de tête par le frein continu ordinaire.

## Renseignements concernant l'application des barèmes
## du livret de freinage

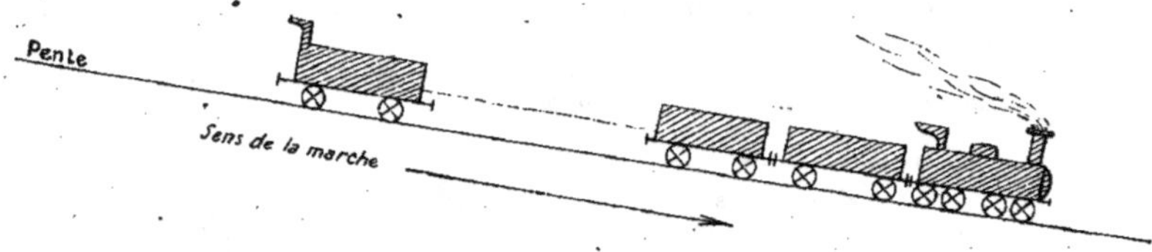


Lorsqu'un train descend une pente comme dans la figure ci-dessus c'est évidemment pour l'arrêt que l'on doit serrer les freins, car il n'y a pas à craindre de dérive par suite de ruptures d'attelages et *le barème T du livret de freinage* applicable au train entier fournit un chiffre d'arrêt (caractères gras).

Au contraire, dans le cas de la figure ci-dessous, une rupture d'attelages est à craindre et la partie de queue peut s'en aller à la dérive, c'est-à-dire

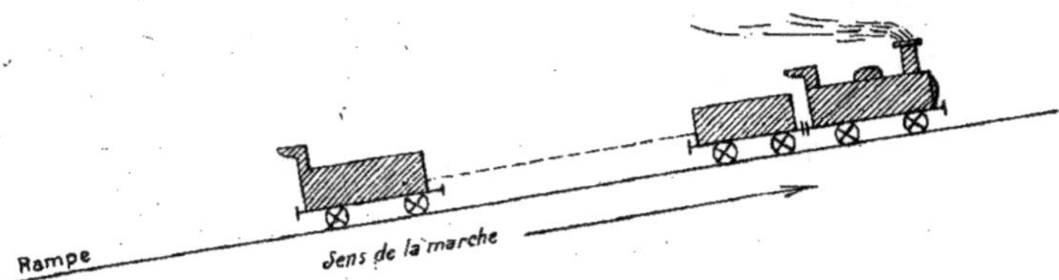


prendre, par son propre poids, une marche en sens inverse de celle du train. Il faut donc se prémunir contre une rupture d'attelages ; on a prévu le cas d'une rupture, soit derrière la machine, soit derrière le 1er frein à main servi.

L'application du barème P, comme il est indiqué ci-après, permet de prévenir les dérives par un poids freiné suffisant.

Le plus souvent, il y a des pentes et des rampes et le calcul du freinage permet seul de savoir si c'est l'arrêt ou la dérive qui commandera ce freinage.

Enfin, il est évident que si une machine pousse le train dans une rampe,

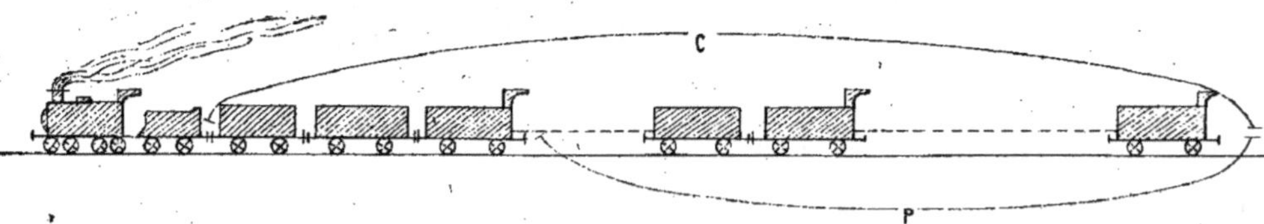

la dérive pourra être très atténuée par la présence de cette machine qui empêchera *en partie* la queue du train de descendre par son propre poids.

### *1er Exemple.* — TRAIN NON POUSSÉ PAR UNE MACHINE DE RENFORT

C — Charge du train entier à laquelle il faut appliquer les barèmes T (la vitesse à prendre dans ces barèmes est la vitesse limite que le train est autorisé à atteindre).

P — Poids de la partie située derrière le premier frein à main servi de tête auquel est applicable le barème P.

Pour déterminer le nombre de conducteurs nécessaires *au freinage d'un train*, on recherche d'abord le classement au point de vue des déclivités de la section qu'il parcourt (Chapitre II du Livret), puis la vitesse limite qu'il est autorisé à atteindre (Chapitre VII de l'Instruction 487, 2e tirage). On se reporte ensuite à la page correspondante des barèmes T du livret de freinage pour obtenir le poids à freiner d'après la charge totale du train et la catégorie de la machine le remorquant (Cette catégorie figure au Chapitre III du Livret).

En second lieu, on applique le barème P (Chapitre VI du Livret, freinage de dérive) à la partie du train placée derrière le premier frein à main servi de tête.

On compare ce chiffre obtenu par le barème P à celui obtenu par les barèmes T diminué du poids à compter pour le premier frein à main servi de tête (et pour la rame freinée au frein continu le cas échéant).

Le plus fort de ces chiffres donne le freinage à assurer derrière le premier frein à main servi.

### *2e Exemple.* — TRAIN POUSSÉ PAR UNE MACHINE DE RAMPE

(qui sera en principe une machine *freinée au frein continu*).

C — Charge du train entier à laquelle il faut appliquer les barèmes TR, sans aucune déduction.

C — Charge du train entier à laquelle il faut appliquer le barème P, sous déduction du poids correspondant à l'excédent de la puissance de retenue de la machine de renfort en queue. (Voir page 67 du Livret).

P — Poids situé derrière le premier frein à main servi, auquel on appliquera également le barème P, avec la même déduction qu'à l'alinéa précédent.

Dans ce cas, on applique le barème TR (arrêt, Chap. V du Livret) à la charge du train entier sans déduction, puis le barème P de dérive d'une part au train entier, d'autre part à la charge située derrière le premier frein à main servi, en tenant compte de la déduction indiquée au Livret (remarque III, page 66). On prend pour le freinage le chiffre le plus fort obtenu, en ayant soin de déduire du poids frein obtenu *pour le train entier* (arrêt et dérive) le poids à compter pour le premier frein à main servi (et pour la rame freinée au frein continu le cas échéant) comme dans le précédent exemple.

*(Circulaire n° 1240).*    La Circulaire N° 1240 sur le freinage au poids explique d'ailleurs d'une façon détaillée avec de nombreux exemples comment doivent être appliquées les prescriptions des Instructions 487, 2e tirage et 491, 2e tirage.

---

# TITRE III

# Ordre Général 12
## CIRCULATION SUR LA DOUBLE VOIE

## Conférence de M. DUPRÉ
Inspecteur principal, Chef d'Arrondissement de l'Exploitation.

## AVANT-PROPOS

Il y a deux manières de faire circuler des convois sur voie ferrée ; tantôt on établit 2 voies, dont l'une livre passage uniquement aux trains d'un sens, l'autre uniquement aux trains de sens contraire ; tantôt une seule voie sert aux trains des deux sens et il est ménagé de distance en distance des points de croisement, où l'unique voie de circulation se divise, sur la longueur nécessaire, en 2 voies où les trains de sens contraire peuvent s'éviter. **Les deux principaux modes de circulation :** *Double voie, Voie unique.*

Les précautions de sécurité à prendre dans chacun des cas sont, naturellement, différentes. Dans le 1<sup>er</sup> cas (exploitation en double voie) les trains d'un sens déterminé n'ont pas à se préoccuper des trains de sens inverse et ils peuvent circuler librement sur la voie qui leur est affectée, à condition de se tenir à la distance voulue des trains qui les précèdent et qui les suivent. Dans le 2<sup>e</sup> cas (exploitation en voie unique) un train doit non seulement remplir la condition précédente, mais encore ne pas être expédié d'une gare de croisement à la rencontre d'un autre train expédié en sens inverse de la station de croisement suivante ; c'est beaucoup plus délicat.

En somme, en double voie, il s'agit surtout de ne pas se rattraper ; en voie unique, il faut non seulement ne pas se rattraper, mais encore ne pas se rencontrer.

Les mesures éventuelles de sécurité nécessaires dans le cas d'exploitation à double voie font l'objet de l'Ordre Général 12; celles qui sont spéciales à la voie unique font l'objet de l'Ordre Général 13.

Les Ordres Généraux 12 et 13 sont les documents les plus importants pour les agents appelés à faire du mouvement, qui ont tous les jours l'occasion d'en appliquer les prescriptions ; il est donc nécessaire qu'ils soient connus d'eux sur le bout du doigt et cela non seulement à la lettre, mais encore d'une manière pratique. Il est excellent dans ce but que les agents du mouvement réfléchissent à l'avance aux mesures qu'ils auraient à prendre dans les divers cas prévus par ce règlement, surtout ceux qui ne se présentent pas fréquemment, d'une part, afin d'acquérir en vue de cette éventualité la sûreté de décision et la rapidité d'application qui sont toujours utiles, d'autre part, en raison de ce que les Ordres Généraux ne **Importance des règlements de sécurité.**

peuvent pas entrer dans le détail de toutes les difficultés qui peuvent se présenter dans la pratique, sous peine d'être beaucoup trop longs et beaucoup trop compliqués.

Du temps où j'étais intérimaire et contrôleur-receveur, mes collègues avaient l'habitude de profiter de leurs réunions à l'occasion du Service pour se poser des « colles » sur l'application de ces Ordres Généraux. Je pense que cette excellente habitude n'a pas disparu et je vous la recommande quand vous aurez l'occasion de rencontrer des camarades.

On peut discuter ainsi avec profit sur les incidents réels ou imaginaires, dont on a eu connaissance ou qu'on a combinés soi-même.

**Caractéristiques principales des ordres généraux 12 et 13.** Je vous ai dit que la connaissance parfaite des Ordres Généraux 12 et 13 était indispensable à tous les agents du mouvement; j'ajoute qu'ils sont très courts et très faciles à comprendre pour qui veut bien se donner la peine de réfléchir à leurs prescriptions. Comme j'aurai l'occasion de le faire ressortir au cours de ces deux leçons, ils ne renferment que des prescriptions de bon sens et il suffit d'avoir compris une bonne fois pourquoi telle ou telle prescription y a été introduite, pour se la rappeler d'une manière définitive. J'ajouterai un dernier mot sur le caractère de ces documents. A mesure que la circulation sur les chemins de fer s'est développée, on a perfectionné les moyens matériels d'assurer la sécurité de la circulation. Nous en verrons des exemples quand je vous parlerai des sémaphores électriques. Mais, tous ces perfectionnements, qui comportent la manœuvre d'appareils mécaniques ou électriques, sont sujets à disparaître momentanément, par suite d'avarie de ces appareils. Les Ordres Généraux 12 et 13 n'en tiennent donc pas compte et ils indiquent la conduite à suivre, même quand ces perfectionnements font défaut. Ces Ordres Généraux portent donc bien leur nom. Ma première leçon sera consacrée à l'Ordre Général 12 et dans la prochaine nous traiterons de l'Ordre Général 13.

Je n'ai pas la prétention, dans ces leçons que je ferai très courtes, de vous les apprendre, ni de vous les faire connaître en détail. Vous devrez les apprendre pour ainsi dire par cœur, je vous le répète. Mais ce que je vous dirai pourra vous guider dans votre étude et vous servira de mémento pour retrouver dans les volumes d'instructions et de circulaires celles qui se rapportent plus spécialement à leur application.

**Prescriptions communes.** Certaines prescriptions sont communes à la double voie et à la voie unique. Elles figurent toutes dans l'Ordre Général 12.

# ORDRE GÉNÉRAL 12

L'Ordre Général 12 comprend, après un préambule, 7 paragraphes dont les 2 premiers contiennent des prescriptions entièrement communes à la voie unique et à la double voie, les 4 derniers des prescriptions spéciales à la double voie et le 3ᵉ des prescriptions les unes communes, les autres spéciales à la double voie.

## PREAMBULE

### Responsabilités du Service des Trains

**Responsabilité du service des trains,** *a) dans les gares à service normal,*

(ARTICLE PREMIER)

L'Ordre Général 12 définit d'abord la responsabilité de la direction du Service des Trains. Cette responsabilité appartient aux Chefs de gare dans l'enceinte de leurs gares et par conséquent pour tout ce qui concerne leur formation et leur départ, et elle appartient au Chef de train, en dehors des signaux des gares ou même, dans les gares, quand ces trains sont placés de telle sorte qu'ils ne peuvent être couverts normalement par les signaux fixes.

*b) en dehors des gares,*

Je remarquerai à ce sujet que dans certaines petites stations, dites à service restreint, et dont le régime spécial est défini en détail par l'Instruction 441, ainsi d'ailleurs que dans les arrêts de pleine voie (voir Instruction 456, 5° tirage), toute la responsabilité du mouvement appartient au Chef de train. De plus, dans certains cas (Instruction 442, 2° tirage), pour permettre de donner un repos au Chef d'une station à service normal, on confie au Chef de train la responsabilité du mouvement pour le passage de certains trains désignés. Le Service est alors momentanément assuré comme dans une station à Service restreint. Ces cas particuliers sont indiqués individuellement sur les tableaux de marche.

*c) dans les stations à service restreint et les stations temporairement fermées au service du mouvement.*

## § I<sup>er</sup>

## Composition des Trains
### (ARTICLES 2 À 6)

Les règles relatives à la composition des trains figurent maintenant dans l'Ordre Général 38 et celles relatives au freinage font l'objet d'Instructions spéciales.

L'art. 6 rappelle que tout chef de train et tout garde-frein doit être muni des moyens nécessaires pour faire les signaux, ainsi qu'il est prescrit par l'Ordre Général II. Il précise, en outre, les mesures à prendre pour que les signaux portés par les trains soient allumés à l'entrée de la nuit.

## § II

## Départ des trains et machines isolées
### (ARTICLES 7 À 9)

L'article 7 pose le principe du respect des horaires. On ne saurait trop insister sur l'obligation pour les agents du mouvement de faire tous leurs efforts pour se rapprocher de l'horaire. Nous vivons dans des temps troublés où la notion de la régularité du service a été perdue en partie. Je voudrais que vous, qui êtes les agents du mouvement de l'avenir, vous mettiez bien dans la tête que la régularité de la marche des trains, non seulement dispose bien le public et diminue les chances d'accident dans une large mesure, mais encore rend le service bien plus coulant et plus facile à exécuter. Vous êtes jeunes, donc actifs, le manque d'exactitude doit vous faire horreur : il faudra employer votre besoin de dépense physique à faire rapidement le service dans tous les cas et à gagner du temps sur le stationnement normalement alloué. Lisez attentivement à ce sujet l'Instruction 554, qui précise bien que l'application étroite de tous les règlements ne suffit pas et rend obligatoires le zèle et le dévouement de tous pour combattre les causes multiples d'où naissent les retards.

**Respect des horaires.**

D'après le même article 7, sur la double voie, un train de marchandises, de messageries ou de denrées ne transportant pas de voyageurs ou n'assu-

**Passage sans arrêt de certains trains de marchandises, en cas de retard.**

rant pas un service postal, qui n'a rien à faire dans une station, ne s'y arrête pas s'il n'est pas en avance sur l'heure réglementaire de départ. Donc, en pareil cas, si vous avez à travailler à ce train, il faut lui montrer le signal rouge.

**Distancement des trains de même sens :**

*a) règle générale.*

L'article 7 indique ensuite les mesures à prendre pour qu'il y ait toujours un intervalle minimum de 10' entre deux trains se suivant sur la même voie (à l'exception des troncs communs situés dans une gare et couverts entièrement par les signaux) : lorsqu'un train a dépassé un mât de signaux fixe, ce mât doit être tourné au rouge et maintenu dans cette position pendant 10 minutes, comptées à partir du moment du passage du train, ou de son départ s'il s'est arrêté. Dans les gares et stations à service normal, le mât avancé doit d'ailleurs être maintenu à l'arrêt, après le départ d'un train en retard, pendant tout le temps nécessaire pour que le train suivant ne parvienne pas à la station suivante ouverte au service moins de dix minutes après le train en retard.

*b) block system.*

Pour donner une sécurité plus grande et, dans certains cas, diminuer l'intervalle de 10 minutes, on a imaginé de substituer au distancement dans le temps, le distancement dans l'espace, obtenu par le cantonnement ou block-system, au moyen de sémaphores électriques. Leur usage est défini par l'Instruction 290, et a fait l'objet d'une leçon précédente.

Je vous rappelle brièvement en quoi consiste l'espacement des trains au moyen de sémaphores électriques ; soit 2 postes sémaphoriques consécutifs, par exemple, La Chapelle-St-Mesmin et St-Ay, entre Orléans et Tours ; supposons un train se dirigeant du premier sur le second ; quand ce train a franchi le poste de La Chapelle, l'agent sémaphorique le couvre en mettant à l'arrêt la grande aile ; cette manœuvre déclenche à St-Ay un aileron qui se met dans la position horizontale et qui annonce le train ; à partir de ce moment, la grande aile de La Chapelle ne peut être remise à voie libre, et par conséquent un deuxième train engagé, que par l'intervention du poste de St-Ay, au moyen de la manœuvre de l'aileron, laquelle n'est effectuée que quand le train est passé et s'est éloigné de 600 mètres. Résultat : la ligne est ainsi segmentée en cantons. Dans chaque canton, il n'y a jamais plus d'un train à la fois et au contact de deux cantons successifs, il y a au moins 600 mètres entre un train circulant dans le premier et un train circulant dans le second.

*c) trains légers.*

Nous venons de voir que, là où il n'y a pas de sémaphores électriques, les trains ne doivent pas se suivre à moins de 10 minutes ; les trains légers (Instruction 456, 5ᵉ tirage) font exception à cette règle et, même quand ils circulent sur les sections pourvues de sémaphores électriques, ils ne doivent jamais être suivis à moins de 30 minutes par un autre train, sauf dans les cas suivants :

*a)* lorsque le tableau de marche prévoit un train à un intervalle inférieur à 30 minutes ;

*b)* lorsque l'on a avisé par écrit le chef du train léger qu'il sera suivi à moins de 30 minutes par un autre train et sur un parcours désigné ; on doit alors adjoindre au chef de train un conducteur supplémentaire, si le train n'est pas déjà accompagné par deux agents ;

*c)* lorsque l'on a obtenu, par un échange de dépêches avec la gare suivante, l'assurance que le train léger est bien arrivé à cette gare.

Dans les deux premiers cas, le train léger doit être couvert dans les mêmes conditions qu'un train ordinaire, s'il vient à s'arrêter en dehors d'un point habituel de stationnement.

Toute gare qui expédie ou voit passer un train doit prendre les mesures nécessaires pour assurer les intervalles ci-dessus.

L'article 8 indique comment est donné le signal de départ des trains. Vous connaissez tous le coup de sifflet du Chef de gare et le coup de cornet du Conducteur de tête. **Signal de départ.**

L'article 9 impose l'annonce des retards par le télégraphe toutes les fois qu'ils dépassent ou que leur variation dépasse 10 minutes pour les trains de voyageurs et 15 minutes pour les trains de marchandises. Dans certains cas, il peut être utile de faire connaître par le télégraphe des retards d'importance moindre : c'est affaire de discernement et de consignes locales. **Annonce des retards.**

## § III

### *Circulation des trains et machines isolées*

#### (ARTICLES 10 A 16)

L'article 10 indique comment les trains doivent circuler ; à l'envers des voitures et des trains du métropolitain, les trains prennent leur gauche. **Circulation sur la voie de gauche.**

Quand un train s'arrête en dehors d'un point de stationnement ordinaire, il doit immédiatement être couvert par les soins du conducteur de queue et sous la surveillance du Chef de train (Article 11). S'il s'agit d'un accident obstruant les deux voies principales, il est bien évident qu'il doit être couvert également dans l'autre sens sur la voie opposée. Au besoin, le Chef de train requiert, pour cette couverture, le concours du chauffeur. **Couverture d'un train arrêté en dehors d'un point habituel de stationnement. Couverture d'un obstacle.**

Il n'y a rien de plus dangereux et de plus propre à faire naître un accident que la présence entre 2 gares d'un train qui, par suite d'avarie de la machine ou de difficultés de production de vapeur, n'arrive pas à marcher à la vitesse normale parce qu'il risque d'être rattrapé par le train suivant ; quand le cas se produit, le Chef de train doit arrêter son convoi pour le faire couvrir à distance ; il est évident aussi qu'aucune station ne doit expédier un train si le mécanicien prévoit qu'il ne pourra pas marcher normalement ; en pareil cas il convient de demander la machine de réserve (article 12). **Couverture d'un train perdant du temps dans la marche.**

L'article 13 prévoit les mesures à prendre quand la machine d'un train en marche vient à manquer d'eau et est obligée de s'alimenter à la prise d'eau la plus voisine ou bien quand le mécanicien est impuissant à remorquer son train en entier et peut le conduire en deux fois à la prochaine station ; dans les 2 cas, le Chef de train s'assure d'abord que son train est régulièrement couvert à l'arrière ; puis il remet au mécanicien un ordre écrit prescrivant la manœuvre et autorisant le retour de la machine à contrevoie à partir du changement de voie le plus proche ; en outre, il fait couvrir son train à 500 mètres en avant ; bien entendu, il ne doit, sous aucun prétexte, laisser pousser le train, ou la partie de train abandonnée, par un autre train qui surviendrait dans l'intervalle. **Impuissance de la machine.**

**Rupture d'attelage.**

Le même article donne les mesures à prendre en cas de rupture d'attelage ; j'attire ici votre attention sur la différence prescrite dans la conduite à tenir par le Chef de train qui reste en pleine voie avec un train ou une partie de train abandonnée par la machine ; s'il s'agit d'une impuissance ou d'un manque d'eau, on compte naturellement sur le retour de la machine pour enlever le train ; en prévision de cette éventualité, il est formellement interdit de se laisser pousser par un train qui surviendrait. Au contraire, en cas de rupture d'attelage, comme il est à supposer que la machine ne pourrait pas s'atteler sur le 1ᵉʳ wagon restant, on n'en prévoit pas le retour et la station qui la possède ne doit pas la renvoyer. Le Chef de train, en pareil cas, se laisse pousser par la première machine qui survient. C'est une question de bon sens.

**Garage d'un train en retard.**

L'article 14 prévoit, d'une manière très générale, le cas où il convient de garer un train en retard pour laisser passer un train suivant. L'opportunité de ce garage est laissée complètement à l'appréciation du Chef de station. En pratique, celui-ci est guidé par des consignes, et par les instructions de ses Chefs, Inspecteurs et Contrôleurs de l'Exploitation. Pour les cas habituels, il existe généralement dans les stations pourvues d'une voie de garage, un tableau de ce qu'on appelle « les dernières heures », qui, pour chaque train, indique l'heure limite après laquelle il doit être garé pour laisser passer un train plus rapide qui le suit, ce dernier étant supposé à l'heure. Quand une station gare un train, elle est tenue d'en informer par dépêche les stations suivantes ; cette prescription fait l'objet de l'article 15.

Bien entendu, en double voie, les garages ne doivent être normalement effectués que dans les stations possédant une voie spéciale de garage. L'Instruction 286 (2ᵉ tirage), limite aux cas de nécessité absolue les garages exceptionnels sur la 2ᵉ voie principale.

**Expédition hors tour, devant un train en retard.**

Il peut arriver enfin que, par suite du retard d'un train à marche rapide, il y ait intérêt à faire partir devant lui, jusqu'à une gare déterminée, un train plus lent ; cette opération, qui s'appelle expédition hors tour, est soumise à des prescriptions spéciales qui font l'objet de l'article 16 et que je résume brièvement ci-après :

1° remise dans tous les cas au train expédié hors tour (celui qui passe exceptionnellement le 1ᵉʳ) et dans certains cas au 2ᵉ, de bulletins renseignant très exactement sur les conditions d'expédition de l'autre (1).

2° à l'arrivée au point de report du garage, l'intervalle minimum à ménager par la gare qui fait le hors tour est de 10 minutes si le premier train expédié est un train de voyageurs et de 15 minutes si c'est un train de marchandises.

Prenez note d'étudier spécialement ces prescriptions de l'article 16. Nous constatons fréquemment que même des Sous-Chefs de gare ne les connaissent pas bien.

---

(1) L'article 16 précise dans quelles circonstances le train en retard doit être arrêté pour la remise du bulletin, lorsqu'il n'a pas d'arrêt prévu à la gare qui fait l'expédition hors tour ; il précise également dans quelles circonstances cette précaution ne doit pas être prise.

## § IV

### *Circulation momentanée en voie unique*

#### (Articles 17 à 20)

Quand une des 2 voies est interceptée pour une cause quelconque, on se sert de la voie restée libre pour faire passer les trains des 2 sens. Les prescriptions spéciales régissant cette circulation exceptionnelle sont détaillées dans les articles 17 à 20 ; ces prescriptions ont pour objet l'exécution des mesures ci-après :

**Interception de la circulation sur une voie.**

1° organisation matérielle du Service qui comporte la pose de signaux de ralentissement à 800 mètres et d'arrêt aux aiguilles mêmes et l'installation d'aiguilleurs aux 2 changements de voie placés à chaque extrémité de la voie unique temporaire.

*a) Organisation d'un service temporaire en voie unique.*

2° échange de dépêches donnant à l'organisateur du pilotage l'assurance qu'aucun train n'est resté engagé sur la voie qui va servir à la circulation des trains des 2 sens et désignation du 1ᵉʳ train qui circulera sous le régime exceptionnel de la voie unique.

3° désignation sous le nom de pilote d'un agent qui doit accompagner personnellement les trains circulant sur la voie unique temporaire, ou, en cas d'impossibilité, se faire remplacer auprès de chacun des Chefs de ces trains qu'il ne peut pas accompagner, par une autorisation écrite.

*b) Circulation des trains (pilotage).*

Il résulte de ce qui précède qu'aucun train ne pouvant circuler sans l'ordre du pilote, il n'y a pas de risque que celui-ci engage simultanément 2 trains de sens contraire.

C'est le pilote qui fait lui-même cesser le Service de voie unique temporaire, enlève les consignes des aiguilleurs et supprime les signaux spéciaux. Cette opération est faite successivement par lui aux deux extrémités en commençant par celle d'où les trains étaient expédiés à contre-voie et en se rendant à l'autre par le 1ᵉʳ train empruntant la voie rendue à la circulation.

*c) Reprise du service normal.*

## § V

### *Demande et expédition de machine de réserve*

#### (Articles 21 et 22)

Quand un train tombe en détresse en pleine voie, la demande de la machine de secours est à faire par le Chef de train qui doit donner tous les renseignements nécessaires pour déterminer si le secours doit être donné par l'avant ou par l'arrière et, dans le cas de secours à l'avant, si la machine doit venir à contre-voie ; en pareil cas, la circulation à contre-voie n'a lieu que depuis le changement de voie le plus voisin et il est interdit au train en détresse de reprendre sa marche par un autre moyen ; il est bien évident, en effet, que si, par exemple, ce train se laissait pousser par une machine survenant, il risquerait d'être tamponné par la machine de secours, venant à sa rencontre. Pour porter la demande de secours à la station la plus voisine,

**Demande de secours :**

*a) à l'avant.*

*b) à l'arrière.*

*c) à l'avant et à contre-voie.*

le Chef de train utilise les moyens les plus rapides, et notamment, il envoie la machine de son train à la première station dans le sens de la marche si cette machine est en état d'y aller.

L'article 21 qui règle la circulation des machines de secours en double voie prévoit, en détail, les 4 manières différentes par lesquelles la machine de secours peut aborder un train secouru et prescrit les mesures à prendre dans ce cas.

**Demande de secours d'office.**

Quand la communication téléphonique est interrompue, les machines de réserve sont envoyées d'office au secours des trains attendus, après un retard de 20 minutes pour les trains de voyageurs et 40 minutes pour les trains de marchandises, sur demande de la station qui constate ce retard ; naturellement, en pareil cas, le secours ne peut pas être envoyé à contre-voie.

Lorsque le téléphone fonctionne, la gare qui constate un retard de 10 minutes pour un train de voyageurs, ou de 20 minutes pour un train de marchandises, doit interroger la gare précédente ; si la réponse démontre que le train de voyageurs a perdu 10 minutes, ou le train de marchandises 20 minutes, depuis son passage à la gare interrogée, la gare qui attend le train doit immédiatement demander le secours au dépôt le plus voisin.

## §§ VI et VII

### *Expédition des trains facultatifs et spéciaux*

#### (ARTICLES 23 A 28)

**Trains facultatifs et spéciaux. Définition.**

Les trains facultatifs sont ceux qui, quoique prévus dans les tableaux de la marche des trains, ne sont expédiés que suivant les besoins du service.

Les trains spéciaux sont des trains dont la marche ne figure pas au tableau réglementaire imprimé ; leur marche est fixée par la gare de formation.

**Mesures à prendre pour leur mise en marche.**

Les trains facultatifs et spéciaux sont, autant que possible, annoncés par le train qui les précède, au moyen d'un drapeau rouge déployé ou d'une lanterne à feu vert placée à l'arrière du train, à droite pour l'annonce des trains facultatifs, à gauche pour l'annonce des trains spéciaux.

Les trains facultatifs et spéciaux sont annoncés aux stations du parcours par télégraphe ou téléphone toutes les fois que la chose est possible, mais si le télégraphe ne fonctionne pas, ils n'en sont pas moins mis en marche.

**Circulations possibles sans annonce préalable. Conséquences.**

Les prescriptions des paragraphes 4, 5 et 6 de l'Ordre Général 12 sont spéciales à la circulation en double voie et il en résulte que sur la double voie il faut toujours s'attendre, même sans annonce télégraphique ou avis écrit préalable, à la circulation d'une machine de secours, d'un train facultatif ou d'un train spécial. C'est ce que je vous disais avant d'entreprendre l'étude de l'Ordre Général 12. Il en résulte évidemment la nécessité impérieuse de maintenir constamment derrière un train l'intervalle réglementaire et notamment de le couvrir immédiatement toutes les fois qu'il est arrêté et de maintenir cette couverture 10 minutes au moins après son départ ; ce délai de 10' est réduit à 5 minutes par l'Instruction 290 sur les sections pourvues de sémaphores électriques, il me paraît intéressant d'attirer votre attention sur ce sujet. En même temps, je vous signalerai 2 documents qui précisent la conduite à tenir pour renforcer les garanties de sécurité dans le cas d'occupation prolongée des voies principales, ce sont:

1° L'Instruction 286 (2° tirage) qui prescrit, toutes les fois que cela est possible, de prévenir tout train qui se présente, en l'arrêtant au besoin, de la présence sur la voie qu'il doit suivre, d'un train ou d'une partie de train immobilisée accidentellement.

**Délivrance de bulletins d'avertissement, en cas d'obstacle sur la voie.**

2° L'Instruction 282 (2° tirage) qui prescrit formellement de dégager complètement les voies principales 10 minutes au moins avant l'heure normale ou connue du passage d'un train de voyageurs.

**Dégagement des voies principales, avant le passage des trains.**

## CONCLUSION

Nous venons de faire l'analyse des principales prescriptions de l'Ordre Général 12 ; elles ont pour objet, d'une manière générale, d'éviter que deux mouvements quelconques arrivent à se rencontrer ou à se rejoindre ; elles peuvent être condensées, pour des débutants, dans un petit nombre de règles fondamentales qu'il faut toujours avoir présentes à l'esprit, sur les sections à double voie et que voici :

1° Les trains circulent sur la voie de gauche, en regardant le point vers lequel ils se dirigent ; il ne peut être dérogé à ce principe que dans des circonstances tout à fait exceptionnelles et après avoir pris toutes les mesures de sécurité nécessaires pour que le mouvement à contre-sens n'entre pas en collision avec un mouvement de sens normal.

2° Un train arrêté peut, à tout moment, reprendre d'office sa marche en avant, soit seul, soit poussé par un autre, à moins, bien entendu, qu'un mouvement venant de l'avant, c'est-à-dire à contre-sens, n'ait été explicitement autorisé ou demandé.

3° Les mouvements à contre-sens qu'il est indispensable d'effectuer doivent être restreints à des parcours aussi courts que possible et n'avoir lieu qu'à partir du changement de voie le plus proche du point à atteindre.

4° Un train facultatif ou spécial, une machine de secours, un train de matériaux peuvent circuler sans être annoncés ; les voies principales doivent donc toujours être ou libres, ou protégées par les signaux réglementaires: d'où la nécessité de couvrir tout mouvement sur les voies principales, tout obstacle du côté ou des côtés où pourrait survenir un train.

5° Un train en circulation doit toujours être maintenu à 10 minutes du train qui le précède et de celui qui le suit : d'où l'obligation de couvrir à l'arrière les trains en stationnement ; d'arrêter les convois insuffisamment distancés des précédents ; de faire couvrir spécialement les trains perdant du temps dans la marche. (Cas particuliers avec modes spéciaux d'espacement : trains légers, sections cantonnées par block system).

6° Les trains circulent, en principe, suivant des horaires tracés d'avance; chacun doit faire tous ses efforts pour que ces horaires, en premier lieu ceux des trains de voyageurs, soient respectés d'aussi près que possible : d'où les garages des trains en retard pour le passage des trains à marche plus rapide; les expéditions hors-tour ; les circulations temporaires en voie unique, en cas d'obstruction de l'une des deux voies principales.

5.

## APPENDICES A LA LEÇON SUR L'ORDRE GÉNÉRAL 12

### Appendice 1er. — Circulation des trains de matériaux

Toutes les prescriptions que nous venons d'examiner se rapportent, sauf le cas des machines de secours, aux circulations qui suivent des horaires prévus à l'avance. L'Ordre Général 21 règle dans son article 30 les conditions de circulation sur la double voie des trains de matériaux qui servent à l'entretien des voies et dont l'horaire est subordonné à l'exécution des travaux.

Ces trains doivent toujours circuler dans le sens normal, c'est-à-dire en prenant leur gauche, se tenir à 10 minutes du train précédent et à 20 minutes de tout train qui les suivrait.

Sur les sections non pourvues de sémaphores électriques, la dernière station où passe un train de matériaux avant de s'arrêter en pleine voie doit être prévenue de cette particularité, de manière que le Chef de station avise tout train qui se présenterait de sa présence.

Enfin, pendant son stationnement, tout train de matériaux doit se couvrir dans la forme habituelle.

Les trains de matériaux sont accompagnés d'un agent appelé Chef de transport, qui a les responsabilités et les prérogatives d'un Chef de train, et de poseurs qui remplissent les fonctions de gardes-freins.

### Appendice II. — Circulation sur plus de 2 voies

En dehors de la circulation sur 2 voies, on peut imaginer une circulation sur 3 ou 4 voies et même davantage.

Sur le réseau d'Orléans, nous avons 2 cas de circulation à 4 voies, entre Paris-Austerlitz et Etampes et entre Les Aubrais et Cercottes.

Entre Paris-Austerlitz et Etampes, les 2 voies d'un même sens sont accolées d'un côté de la plateforme et les deux voies de sens inverse de l'autre côté.

Entre Cercottes et Les Aubrais, cette disposition existe côté Cercottes, mais se trouve modifiée en cours de route par le passage de la voie 1 *bis* en souterrain sous les voies 1 et 2 et, à l'arrivée aux Aubrais, nous avons 2 doubles voies placées côte à côte comme cela existe sur d'autres points du réseau, Pont-Vert à Bourges et Bourges à St-Germain-du-Puy par exemple.

La circulation à 4 voies, quand il ne s'agit pas de 2 doubles voies accolées, nécessite des mesures spéciales qui sont prescrites dans des Ordres Spéciaux.

Sur divers tronçons de la section d'Etampes à Cercottes, nous avons la circulation à 3 voies.

### Appendice III. — Circulation des grues à vapeur pour les relevages

L'Instruction 559 (2e tirage) règle les conditions de circulation des grues à vapeur qui servent pour les relevages.

---

# TITRE IV

## Ordre Général 13
### CIRCULATION SUR LA VOIE UNIQUE

### Conférence de M. DUPRÉ
**Inspecteur principal, Chef d'Arrondissement de l'Exploitation.**

§ 1

ARTICLES 1 A 3

*Commande des trains facultatifs ou spéciaux*

A part le cas tout à fait spécial de la circulation du chasse-neige, lequel est entouré de précautions extrêmes, indiquées dans l'Ordre Général n° 17, aucune circulation extraordinaire de trains, qu'il s'agisse de trains spéciaux ou de trains facultatifs ou même de machines de secours, ne peut avoir lieu en voie unique sans que toutes les gares du parcours en soient préalablement avisées.

Pour réaliser pareille condition, l'Ordre Général 13 a concentré entre les mains d'un personnage unique, sur chaque section ou partie de section, le pouvoir d'autoriser la mise en marche des trains facultatifs ou spéciaux. Il l'a chargé, par suite, de s'assurer, au préalable, que toutes les stations de leur parcours en ont été dûment prévenues. **Chef de gare de commande.**

Ce personnage s'appelle le Chef de gare de Commande.

Dès lors, qu'il s'agisse d'un train facultatif ou d'un train spécial, la gare qui veut le mettre en marche en demande l'autorisation par écrit ou par télégraphe au Chef de gare de Commande ; bien entendu, si c'est au départ de la gare de Commande, il ne se demande pas l'autorisation à lui-même. **Circulation des trains facultatifs et spéciaux :**
*1° Demande d'autorisation par la gare de départ.*

Ayant reçu la demande d'autorisation d'un train, s'il s'agit d'un train spécial, le Chef de gare de Commande commence par en arrêter la marche de la même manière que l'Administration Centrale a arrêté la marche des trains réguliers ou facultatifs, c'est-à-dire qu'il en détermine la vitesse, les heures de passage, d'arrivée et de départ dans les différentes gares, les croisements et les dépassements. *2° Fixation de la marche des trains spéciaux.*

*3° Commande à tou-*
*tes les gares du*
*parcours.*

Cela fait, il avise toutes les gares du parcours soit par lettre spéciale, soit par télégraphe.

Donc, 2 modes de commande :

**1° *par feuille d'émargement***

Les lettres de Commande, à raison d'une pour chaque gare du parcours, sont distribuées par un Chef de train qui en retire émargement au moyen d'une feuille spéciale.

A l'arrivée au terminus, cette feuille est remise au Chef de gare, qui constate le visa de toutes les gares intéressées.

Il accuse alors réception de la feuille d'émargement au Chef de gare de Commande.

**2° *par dépêche***

La Commande est faite par fil omnibus.

Les Chefs de gare (origine et terminus du train) accusent réception de la dépêche de commande.

Quel que soit le mode de commande, s'il s'agit d'un train facultatif, il est désigné par son numéro, tant dans la commande que dans l'accusé de réception. S'il s'agit d'un train spécial, la commande mentionne sa marche détaillée (heure de passage, de départ, d'arrivée, croisements et dépassements) et l'accusé de réception reproduit le détail de cette marche.

*4° Autorisation don-*
*née à la gare d'ex-*
*pédition.*

Dans les deux cas, le Chef de gare de Commande obtient ainsi l'assurance que tout son monde est dûment prévenu et alors seulement, il autorise la circulation du train.

Il résulte de ces prescriptions que le télégraphe (ou le téléphone qui le remplace dans les lignes nouvelles) est à peu près indispensable pour la circulation des trains facultatifs ou spéciaux en voie unique.

Quand il manque, les accusés de réception sont donnés par écrit au moyen du 1ᵉʳ train utilisable.

Il est recommandé, dans tous les cas, de commander les trains facultatifs et spéciaux par émargement plutôt que par dépêche. On évite ainsi de surcharger le Service télégraphique ; on évite également des confusions et l'éventualité d'être arrêté dans la commande par une interruption de télégraphe entre 2 stations.

ARTICLES 4 ET 5

*Expédition des trains facultatifs et spéciaux*

**Circulation des trains**
**facultatifs et spé-**
**ciaux :**
*Demande de voie.*

Indépendamment des mesures de précaution prévues ci-dessus, il est prescrit, toutes les fois que la communication télégraphique fonctionne, d'échanger des dépêches qu'on appelle habituellement dépêches de demande de voie, entre la station qui doit expédier le train et la station suivante. Quand le télégraphe ne fonctionne pas, un train facultatif ou spécial régulièrement commandé est expédié comme un train régulier.

## ARTICLE 6

### *Bulletin de croisement*

Tout train qui doit croiser ou dépasser un train facultatif ou spécial reçoit de la gare de départ un bulletin mod. 907 qui indique le n° du train à croiser ou à dépasser et la station où se produira cette interversion.

Un exemplaire de ce bulletin est remis au mécanicien et au Chef de train.

Si, pour un motif quelconque, le bulletin n'est pas remis au départ, il doit être remis à la station d'arrêt qui précède celle où doit se faire le croisement ou le dépassement; pour que le Chef de cette station soit obligé de s'assurer de l'existence du bulletin de croisement, il est tenu de se le faire présenter par le Chef de train et de le poinçonner, ce qui enregistre son contrôle.

**Croisements et dépassements des trains facultatifs et spéciaux.**

## ARTICLE 7

### *Interdiction de supprimer les trains réguliers en voie unique*

L'article 7 de l'Ordre Général 13 interdit le remplacement des trains réguliers, ou spéciaux et facultatifs régulièrement commandés, par des trains spéciaux comme cela se pratique en double voie. Un train ne doit donc être supprimé que s'il ne circule pas du tout.

## ARTICLE 8

### *Circulation des machines isolées*

L'article 8 précise que toute machine isolée autre qu'une machine de réserve ne doit pas circuler sur voie unique autrement que comme train facultatif ou spécial. Elle doit toujours être accompagnée d'un Chef de train. Pour loger celui-ci, on fait accompagner la machine d'un véhicule obligatoirement à frein quand les déclivités de la section dépassent 11 $^m/_m$ par mètre.

La liste des gares de commande est insérée dans l'Ordre Spécial 6429 (13ᵉ tirage) et la gare de commande de chaque section est indiquée également à la première page des feuilles de marche.

### *Service des stations de voie unique pendant la nuit*

Pendant la nuit, certaines stations de voie unique sont fermées et ne participent pas au mouvement, alors que parfois les trains continuent à circuler et que certaines commandes de trains doivent être faites ; il y a des précautions à prendre pour qu'au moment de la réouverture de ces stations il ne se produise pas d'erreur et que, par exemple, une station croie qu'un train de nuit est passé alors qu'il n'en est rien. Les précautions à prendre sont prescrites par l'Instruction 449 (3ᵉ tirage), et certaines d'entre elles précisées par l'Instruction 442 (2° tirage).

## § II

### Signaux

**Couverture :**
*a) d'un obstacle.*
*b) d'un train arrêté accidentellement.*

En voie unique, les obstacles sur la voie doivent naturellement être couverts des 2 côtés.

Un train arrêté accidentellement n'est couvert qu'à l'arrière, à l'exception des cas de rupture d'attelage, envoi de machine én avant pour s'alimenter, de scindement du train en 2 parties ou de demande de secours à l'avant. Dans tous ces cas, il y a obligation de couverture en avant, à 1.000 mètres.

## § III

### Croisement et dépassement des trains

#### ARTICLES 10 A 13

**Mesures spéciales de sécurité à prendre :**
*a) en cas de croisement.*

Le croisement des trains est une sujétion particulière à l'exploitation en voie unique et une opération très délicate en raison des risques qu'elle comporte. Chacun des trains qui se présente doit être reçu sur une voie différente après avoir passé sur une aiguille de dédoublement de la voie principale qui est fréquemment manœuvrée à la main. Il faut donc qu'il aborde cette aiguille à une vitesse réduite ; d'autre part, il ne doit pas engager l'aiguille qui servira à sa sortie du côté opposé, aiguille sur laquelle arrivera le train de sens inverse. Donc deux raisons pour que sa réception se fasse à faible vitesse.

Enfin, quand l'un des trains part, il faut que l'aiguille par laquelle il sort et qui a servi à l'entrée de l'autre train ne soit pas restée engagée par celui-ci.

Afin de réaliser ces diverses conditions, on a prévu les mesures ci-après :

1° les deux trains ne doivent être admis, au moyen des signaux, que successivement en station.

2° chacun d'eux doit s'arrêter complètement avant l'aiguille d'entrée (1).

3° le Chef de gare ne doit expédier aucun train avant d'avoir communiqué avec les 2 Chefs de train.

4° le garde-frein de queue de chaque train fait les signaux en avant jusqu'à ce que l'aiguille d'entrée soit dégagée et arrête au besoin l'autre train si celui-ci a reçu à tort le signal de départ avant que l'aiguille soit dégagée. (Cette prescription figure à l'art. 17 de l'Ordre Général 3, les autres dans l'Ordre Général 13).

*b) en cas de dépassement.*

Dans toutes les stations de voie unique, un train peut en dépasser un autre, ce qui ne se produit en double voie que dans les stations munies d'une voie de garage. Il n'y a pas de mesures spéciales à prendre pour le train qui est dépassé ; mais, comme dans le cas de croisement, le train qui dépasse doit marquer un arrêt avant de franchir l'aiguille d'entrée. On doit, en outre, lui faire voir le mât avancé au rouge, sans l'y arrêter. Ces prescriptions ne sont pas valables dans les gares « encadrées ».

---

(1) Cette prescription n'est pas applicable aux gares pourvues d'enclenchements appropriés, c'est-à-dire tels que, quand les signaux sont ouverts pour permettre la réception d'un train, il est matériellement impossible d'ouvrir ceux qui permettent la réception d'un train de sens contraire. Le nom de ces gares est encadré d'un filet gras sur les tableaux de la marche des trains.

L'article 13 précise comment est déterminée la voie de réception d'un train dans les stations de voie unique.

Dans tous les cas de croisement, le train est reçu sur la voie de gauche en regardant le point vers lequel il se dirige, cela conformément à la disposition générale que je vous ai signalée, d'après laquelle les trains prennent leur gauche.

Quand il n'y a pas de croisement, le train entre tantôt à gauche, tantôt à droite, mais il n'entre jamais à droite que si la direction donnée normalement par l'aiguille est celle de droite, c'est-à-dire s'il n'y a pas besoin de l'intervention d'un agent à pied d'œuvre pour donner cette direction.

Je vous rappelle, à ce sujet, les divers régimes des aiguilles d'entrée des stations de voie unique, en ce qui concerne leur verrouillage.

Les 2 principaux types de verrouillage réglementés par les Instructions 315 et 316 seront décrits au cours de l'une des leçons suivantes.

> *Affectation des voies principales dans les gares de voie unique.*

### Service en navette

#### INSTRUCTION 450

Sur certaines lignes de voie unique à très faible trafic, on a supprimé tout croisement en organisant ce que l'on appelle le service en navette. Le tracé de tous les trains y est prévu de manière qu'il n'y ait jamais plus d'une machine engagée. Pour réaliser cette condition, il existe sur cette section un bâton-pilote que l'on appelle bâton-pilote et dont doit être munie toute machine appelée à y circuler. Ce régime est défini par l'Instruction 450. Sur les sections exploitées en navette, il n'y a pas de mâts avancés pour la couverture des stations, et un train qui s'arrête en pleine voie n'a pas besoin d'être couvert, puisqu'aucun autre train ne peut y être engagé faute du bâton-pilote.

Il n'y a d'exception à l'obligation de porter le bâton-pilote qu'en ce qui concerne la machine de secours.

### § IV

### Annonce des retards de trains

Ce paragraphe qui ne comprend que l'article 14 prescrit l'annonce des retards des trains. Les prescriptions ne diffèrent pas de celles en vigueur sur la double voie, mais elles font l'objet d'un article spécial dans le règlement de voie unique, à cause de leur importance spéciale dans ce cas.

### § V

#### ARTICLES 15 ET 16

### Changements de croisement

En cas de retard d'un train, il est évident qu'on ne peut soumettre un train de sens contraire à l'obligation d'attendre indéfiniment au point de croisement normal. Le croisement peut, dans ce cas, être reporté à la station voisine ou à une station plus éloignée, mais toujours de poste en poste et successivement, à la condition que les Chefs de station intéressés échangent entre eux, au préalable, les dépêches réglementaires précisées dans l'article 15.

> *Mesures spéciales de sécurité :*
>
> *a) échange de dépêches.*

Le changement de croisement est, en outre, accompagné des précautions suivantes dont il n'est pas besoin de souligner l'importance, car un changement de croisement irrégulièrement exécuté peut entraîner un tamponnement entre 2 trains de sens contraire.

**b) bulletins de changement de croisement.**

**c) signaux.**

1° le Chef de train et le mécanicien du train qui dépasse le point de croisement normal en sont prévenus par des bulletins mod. 908 écrits et signés très lisiblement.

2° le Chef de la gare où se trouve reporté le croisement des deux trains doit faire marquer un arrêt au mât avancé préalablement fermé par celui des deux trains qui n'est pas porteur de mod. 908, c'est-à-dire qui effectue le croisement dans une gare précédant, dans le sens de sa marche, celle du croisement normal. Dans ce dernier cas, le Chef de station doit faire écraser par le train qui ne doit pas normalement s'arrêter, des pétards placés aussi loin que possible de la station, mais sans dépasser le mât avancé. Cette prescription est très importante, car si l'un des trains est prévenu à l'avance, par la remise des bulletins, du changement de croisement, l'autre, c'est-à-dire celui qui est, soit le seul en retard, soit le plus en retard des deux, n'en sait rien du tout, et quand on lui a ouvert le mât avancé, il aurait le droit de reprendre sa vitesse normale, s'il n'était pas prévenu par les pétards de prendre ses dispositions pour s'arrêter dans l'espace de voie en vue. Ce n'est pas le signal d'arrêt fait à l'aiguille d'entrée et aperçu à faible distance qui, en l'absence des pétards, assurerait un arrêt assez à temps pour ne pas engager l'aiguille d'entrée et même pour ne pas franchir la station tout entière.

3° tout Chef de Station qui autorise un changement de croisement, et tout Chef de station où se trouve reporté un croisement doit mettre un signal rouge (drapeau rouge le jour, lanterne rouge la nuit) en face du bureau de la station, de manière que tout le personnel soit averti qu'il y a une interversion dans le service.

## § VI

## Modification dans la marche de 2 trains marchant dans le même sens

**Expéditions hors tour et garages :**

**a) avis aux trains et aux gares suivantes.**

Ces modifications se présentent en 2 cas.

Ou bien un train à faible vitesse normalement garé pour un train de vitesse plus grande peut être autorisé à suivre son horaire régulier et à aller se garer à une station plus éloignée (c'est ce que nous avons appelé en double voie expédition hors tour) ou bien il s'agit d'un train à vitesse élevée qui rattrape un train à plus faible vitesse en retard dans une station plus rapprochée du point de départ que celle où il devait normalement le dépasser (c'est le cas de simple garage accidentel).

Dans les 2 cas, c'est le 1er train qui, au moyen d'un ordre écrit remis par le Chef de la gare où l'interversion se manifeste, en avise toutes les stations qu'il rencontre jusqu'au point où la succession normale est reprise.

Cet ordre écrit doit être visé par chaque gare ; s'il n'y a pas d'arrêt prévu à toutes, le train avertisseur doit néanmoins s'arrêter partout.

Quand le télégraphe fonctionne, avis est donné de cette interversion par le fil omnibus. Comme dans le cas de changement de croisement, toutes les stations du parcours sur lequel l'ordre normal des trains est interverti mettent un signal rouge en face de leurs bureaux.

Enfin, en ce qui concerne les arrêts aux mâts avancés et à l'aiguille d'entrée, le Chef de station où se produit le garage *anormal* prend les mêmes mesures que s'il s'agissait d'un changement de croisement.

*b) signaux.*

La stricte exécution des instructions concernant les changements de croisement et de garage en voie unique a une importance telle, qu'il a paru bon de prévoir explicitement par une Instruction générale n° 453 (2e tirage), la radiation des cadres de tout Chef de station qui ne s'y conformerait pas.

## § VII

### *Demandes de secours*

#### ARTICLES 18 A 21

Après avoir examiné dans ce qui précède la circulation des mouvements, soit réguliers, soit soumis à l'autorité du Chef de gare de Commande, nous allons trouver maintenant les prescriptions qui se rapportent aux mouvements imprévus qui, quoique indispensables, ne peuvent être réglés par le Chef de gare de Commande ; ce sont ceux des machines de secours et les dédoublements de trains.

**Mouvements non réglés par le Chef de gare de commande.**

Leur sécurité nécessite des mesures toutes spéciales, fondées toujours sur le même principe que toutes les gares de leur parcours doivent en être préalablement avisées.

Toute demande de secours en voie unique est transmise de station en station à partir de celle qui est la plus voisine du train en détresse, et elle doit indiquer si un train qui demande du secours a dépassé un autre train qu'il devrait normalement suivre ou a été dépassé par un train qu'il devrait normalement précéder.

**Demandes de secours. Avis à toutes les gares du parcours.**

Quand la communication télégraphique est interrompue, si la machine peut circuler, elle va elle-même, en suivant l'horaire du train en détresse, demander du secours jusqu'à la station à partir de laquelle le service télégraphique fonctionne. Un train en détresse peut être secouru par un train se présentant derrière lui, si le secours n'a pas été demandé à l'avant.

## § VIII

### *Circulation des machines de secours*

#### ARTICLES 22 A 24

Quand le télégraphe électrique fonctionne, la circulation des machines de secours est réglée au moyen de dépêches de sécurité échangées de proche en proche par les stations, chaque station recevant de la suivante l'autorisation d'expédier la machine de secours après s'être assurée qu'aucun mouvement de sens inverse n'est engagé, au moyen de dépêches dont le texte est prévu.

**Circulation des machines de secours :**
*a) si le télégraphe fonctionne.*

Si le télégraphe électrique ne fonctionne pas, l'ordre de départ est donné à la machine de secours quand le Chef de station a l'assurance qu'il n'y a aucun train engagé entre cette station et le train en détresse. C'est pourquoi la demande de secours doit toujours être accompagnée par les soins de la station la plus rapprochée d'un train en détresse, de l'indication du dernier train qu'elle a expédié vers le dépôt qui fournit la machine de secours. Tant que ce train n'est pas arrivé, la machine de secours ne peut

*b) si le télégraphe ne fonctionne pas.*

*c) circulation des trains de sens contraire à celui de la machine.*

pas être expédiée (1). De plus, tout Chef de gare ou de station informé qu'une machine de secours est attendue, en prévient par écrit le Chef de train, ou le mécanicien de tout train de sens contraire, en l'arrêtant au besoin. Le train ainsi prévenu s'arrête à toutes les stations jusqu'à ce qu'il ait croisé la machine de secours, et si le télégraphe électrique fonctionne il ne quitte aucune de ces stations sans l'échange des dépêches de sécurité dont le texte est prévu par l'article n° 23.

*d) machines de secours rentrant à leur dépôt.*

Pour le retour des machines de secours à leur dépôt, on peut, si le télégraphe fonctionne, conformément à l'article 24, les renvoyer en demandant la voie de station en station, comme il est prévu pour leur circulation vers le train à secourir. Si le télégraphe ne fonctionne pas, ces machines doivent circuler en double avec la machine d'un train régulier ou régulièrement commandé.

## § IX

### *Ruptures d'attelage*

#### ARTICLE 25

Les mesures à prendre à la suite d'une rupture d'attelage en voie unique sont les mêmes qu'en double voie, avec cette différence qu'à défaut d'un train susceptible de pousser la partie d'un train abandonnée, la machine du train ou toute autre machine peut être envoyée à sa recherche entre les 2 stations entre lesquelles la rupture s'est produite. Des mesures de sécurité spéciales sont alors prévues, au moyen d'un échange de dépêches entre ces 2 stations.

## § X

### *Usage du télégraphe électrique*

#### ARTICLE 26

Avant de passer aux mesures qui concernent le dédoublement des trains en voie unique, l'Ordre Général 13 consacre un paragraphe spécial à l'usage du télégraphe électrique qui a une importance en voie unique telle que, quand il manque, la circulation des trains se trouve extrêmement gênée.

La principale prescription de ce paragraphe concerne l'obligation de transmettre, en toutes lettres, les dépêches relatives à la circulation en voie unique ; les nombres eux-mêmes doivent être passés sans chiffre, et en toutes lettres, par exemple, les N°ˢ des trains (2).

L'article 26 contient également la prescription très importante que, quand il y a changement de Chef de service d'une gare ou station de voie unique, l'employé qui prend le service doit consulter le registre télégraphique afin de se mettre au courant de ce qui s'est passé avant sa prise

---

(1) La circulaire 1241 indique les mesures à prendre pour compléter la dépêche de demande de secours quand le train ne va pas jusqu'à la gare qui fournit le secours ou que la gare voisine du train en détresse a été fermée temporairement au service du mouvement.

(2) Quand on utilise le téléphone, l'échange des nombres en toutes lettres est remplacé par l'épellation des chiffres qui les expriment.

de service. Je vous recommande d'une façon toute spéciale cette précaution indispensable qui vous évitera bien des ennuis. Elle est même à recommander également sur la double voie où elle n'est pas strictement réglementaire.

## § XI

### *Dédoublement des trains de voyageurs*

#### ARTICLES 27 A 35

Quand il y a lieu de dédoubler sur la voie unique un train de voyageurs, le mieux est de le faire, quand on en a le temps, au moyen d'un train spécial commandé par le Chef de gare de Commande, dans la forme habituelle. Mais, si le temps fait défaut, les articles 27 à 35 de l'Ordre Général 13 donnent le moyen de faire ce dédoublement inopinément.

Toutes les stations qu'intéresse ce dédoublement, c'est-à-dire toutes celles qui sont ouvertes au service du mouvement au moment de son passage, doivent en être avisées.

**Dédoublement inopiné :**

Ce soin est confié à un employé appelé pilote, qui monte sur la machine du train initial, et reçoit des avis écrits destinés à être distribués à chaque Chef de station et à chaque aiguilleur. Dans chacune des gares ouvertes au service du mouvement au moment de son passage, le pilote s'arrête à l'aiguille d'entrée et y installe un aiguilleur auquel il remet l'avis écrit mentionné ci-dessus et qui lui interdit de laisser partir aucun train de sens contraire avant l'arrivée du train *bis*. Pareil avis est remis au Chef de station. Naturellement, chaque fois qu'il est possible, et, notamment, quand le télégraphe fonctionne, cas où l'annonce du dédoublement doit être faite par fil omnibus sur la ligne, les gares du parcours préviennent cette installation d'un aiguilleur en envoyant d'avance un agent à la rencontre du train.

*a) pilote.*
*b) avis écrits de dédoublement.*

*c) avis par télégraphe.*

Le train *bis* est annoncé par le train initial comme s'il s'agissait d'un train spécial et les Chefs de gare du parcours mettent un signal rouge devant leur station comme s'il s'agissait d'un changement de croisement.

*d) signaux.*

Il est prévu qu'en cas de retard du train *bis*, si le télégraphe fonctionne, on peut changer les croisements ; mais, dans le cas de changement de croisement, les dépêches de sécurité doivent être échangées pour chaque train isolément et ne peuvent pas s'appliquer à la fois au train initial et au train *bis*.

*e) mesures spéciales en cas de retards.*

## § XII

### *Prescriptions de l'ordre général 12 applicables en voie unique*

#### ARTICLE 36

Nous trouvons à la fin de l'Ordre Général 13 un article n° 36 qui spécifie que toutes les prescriptions de l'Ordre Général 12 sont applicables en voie unique, si elles ne sont pas contraires à telle ou telle prescription de l'Ordre Général 13. C'est ce que nous avons déjà dit.

# CONCLUSION

Telles sont les principales prescriptions de l'Ordre Général **13** ; elles ont, en somme, pour principal objet d'éviter que deux mouvements quelconques, de même sens ou de sens contraires, puissent se rencontrer ou se rejoindre, même dans le cas où l'on se trouve privé du secours du téléphone ou du télégraphe.

Comme pour la double voie, il est utile, en terminant, de rappeler spécialement quelques règles fondamentales, qui ne doivent jamais être perdues de vue.

1° Les trains réguliers sont mis en marche tous les jours sans aucune autre formalité que celle consistant à suivre ponctuellement les indications du tableau de marche.

2° Les trains facultatifs ou spéciaux ne peuvent être expédiés des gares de formation, à une date donnée, qu'après que le Chef de gare de commande a eu l'assurance que leur commande a bien été notifiée à toutes les gares de leur parcours et que, dès lors, il a autorisé la gare de départ à les expédier ; leur mise en marche est notifiée aux trains qui les croisent, les dépassent ou sont dépassés par eux (réguliers, facultatifs et spéciaux) par des bulletins modèle 907, indiquant les gares où sont prévus les croisements, garages et dépassements.

3° Entre deux gares consécutives quelconques, l'ordre normal du passage des trains, de leur succession dans un sens et dans l'autre, est formellement fixé par le tableau de marche de la section et la commande des trains facultatifs et spéciaux. Un train ne doit donc pas partir d'une gare avant l'arrivée de tous les trains de sens contraire, réguliers ou régulièrement commandés, dont l'heure d'arrivée précède celle de son départ, sauf dans le cas de changement de croisement régulièrement autorisé.

4° Il ne peut être dérogé à l'ordre normal de circulation entre 2 gares consécutives que moyennant les précautions indiquées :

*a)* S'il s'agit de trains de sens contraires, au paragraphe « changement de croisement ». Le changement de croisement ne peut jamais avoir lieu si le téléphone (ou le télégraphe) ne fonctionne pas.

*b)* S'il s'agit de trains de même sens, au paragraphe « modifications dans la marche de deux trains de même sens ». Ces modifications ne nécessitent pas l'usage de téléphone (ou de télégraphe) si celui-ci est dérangé.

5° La circulation des machines de secours est soumise à des règles spéciales :

A. — Toutes les gares situées entre le train en détresse et le dépôt doivent être avisées de la demande de secours ;

B. — *Si le téléphone fonctionne*, la machine de secours avance de gare en gare, avec l'assurance, obtenue par échange de dépêches, que la voie est libre pour elle jusqu'à la gare suivante ; les trains de sens contraire avancent de même, de gare en gare, après avoir obtenu l'assurance qu'ils sont attendus.

C. — *Si le téléphone ne fonctionne pas*, la machine de secours ne peut être expédiée que si le dernier train indiqué sur la demande de secours est arrivé.

6° Les voies principales doivent normalement être libres ; si elles ne le sont pas, elles doivent être défendues par les signaux réglementaires.

7° Un train arrêté peut, à tout moment, reprendre d'office sa marche en avant, soit seul, soit poussé par un autre, à moins qu'un mouvement venant de l'avant n'ait été explicitement demandé ou autorisé.

8° Tout train en circulation doit toujours être maintenu à 10 minutes de celui qui le précède et de celui qui le suit.

9° La marche réelle des trains et, en premier lieu celle des trains de voyageurs, doit se rapprocher le plus possible des horaires fixés par les tableaux de marche : d'où les changements de croisement, les interversions dans la marche des trains de même sens, etc...

### Appendice I<sup>er</sup>. — Cloches électriques

Pour terminer cet examen de la circulation en voie unique, il me paraît nécessaire de mentionner l'Instruction n° 292 qui règle le Service des Cloches électriques, appareil existant sur presque toutes nos lignes à voie unique ; ces cloches émettent des signaux d'annonce des trains et dans certains cas, d'annonce du danger, qui sont reçus à distance par la station voisine et par certains postes de pleine voie généralement des passages à niveau. Les divers signaux émis par les cloches vous seront indiqués dans une leçon postérieure.

### Appendice II. — Circulation des trains de matériaux

En voie unique, la circulation des trains de matériaux n'est pas subordonnée à l'autorisation du Chef de gare de Commande.

Le train de matériaux doit s'arrêter à toutes les gares et obtenir à chacune d'elles l'autorisation d'avancer jusqu'à la suivante ; cette autorisation n'est donnée qu'après avoir obtenu l'assurance, par un échange de dépêches avec la gare suivante, que la voie est libre. Si le téléphone (ou le télégraphe) ne fonctionne pas, le train de matériaux ne peut pas circuler.

Dès qu'un train de matériaux a dégagé la voie principale, le chef de transport fait donner avis de voie libre à la gare située à l'autre extrémité de son parcours.

Avant d'expédier ou d'autoriser l'expédition d'un train de matériaux, les Chefs de gare doivent fermer leur mât avancé du côté opposé à celui où le train s'engage et le maintenir dans cette position jusqu'à ce qu'ils aient reçu avis de voie libre ; ils doivent, en outre, placer un drapeau rouge sur la voie, en face les bureaux.

# TITRE V

## SERVICE DES HORAIRES

### Conférence de M. MORISSON
#### Chef des Horaires

Les trains peuvent être envisagés au point de vue : 1° de la vitesse **Catégories de trains.** et de la nature des transports ; 2° de la mise en marche.

**1°. Au point de vue de la vitesse et de la nature des transports**

Les trains comprennent :

1° *Les trains rapides* qui peuvent atteindre la vitesse de 95 kilomètres à l'heure et dont la composition ne comporte parfois que des voitures de luxe. Ces trains assurent des relations rapides entre les principaux points des grandes artères du réseau et des réseaux voisins et quelques-uns d'entre eux, dans lesquels le nombre de places peut être limité, sont affectés à des relations internationales ; nous citerons, par exemple, le Sud-Express et les trains 67 et 68 qui assurent, le 1ᵉʳ, les relations de Paris avec Madrid et Lisbonne, et les 2ᵉ et 3ᵉ les relations de Paris avec Barcelone et vice-versa.

2° *Les trains express* qui ne desservent que les principales gares ; leur vitesse peut atteindre 75 et 80 kilomètres à l'heure.

3° *Les trains directs et les trains omnibus* qui assurent des relations locales et qui sont, dans une certaine mesure, les affluents des trains rapides et express. Les premiers ont des arrêts assez fréquents ; les seconds s'arrêtent à toutes les gares de leur parcours et leur vitesse dépasse rarement 60 kilomètres à l'heure.

La composition de certains trains omnibus peut être réduite à 16 essieux non compris ceux de la machine et du tender. Ces trains, appelés *trains C. R.* (trains à composition réduite) sont, sauf pour le calcul de la marche, soumis à toutes les obligations des trains omnibus ordinaires.

D'autres trains omnibus, dits *trains légers*, ont une composition ne dépassant pas habituellement 24 essieux et un tonnage de 200 tonnes, non compris les essieux et le tonnage de la machine et du tender ou, en cas de double traction, des machines et des tenders ; les trains légers sont soumis à un régime spécial les dispensant notamment de la couverture pendant les arrêts hors des stations si le train suivant a une marche tracée à un intervalle d'au moins 30 minutes et si le train léger n'a pas perdu plus de 15' depuis la gare précédant l'arrêt.

Certains trains légers sont assurés au moyen d'une voiture automotrice et d'une ou deux remorques. Ce sont les *trains T. A.* (trains légers automoteurs). Le nombre de places peut y être limité et ils ne comprennent que

des premières et troisièmes classes pour lesquelles il est perçu respective-
ment les prix de la deuxième et de la troisième classe.

Les voyageurs ainsi que les bagages n'y sont admis que dans la limite
de la place disponible ; les détachements de militaires ou de marins, les
prisonniers, les aliénés, les messageries, denrées, cercueils, voitures, chevaux
et animaux en grande vitesse en sont exclus.

4° *Trains omnibus-mixtes.* Ce sont des trains de voyageurs autorisés à
transporter des marchandises de petite vitesse tout en gardant le caractère
et la composition des trains de voyageurs. Leur vitesse maximum est de
55 kilomètres à l'heure.

5° *Les trains de messageries* qui assurent le transport des marchandises
à grande vitesse (Messageries, marée, denrées, etc.), ne pouvant être acheminés, en raison de leur importance, notamment sur les grandes artères, par
les trains de voyageurs ou lorsque ces derniers trains n'ont pas un horaire
approprié aux besoins de la clientèle. Leur vitesse peut atteindre 70 km.,
mais ne dépasse pas généralement 65 km. (1).

6° *Les trains de marchandises directs* dits aussi *trains de direction* qui
ne desservent que certaines gares et assurent le transport rapide des marchandises et des bestiaux expédiés dans une même direction en évitant les
transbordements, manœuvres ou escales en cours de route (1).

7° *Les trains de marchandises omnibus ou de détail* qui assurent le service de manœuvre et de manutention à tous les points d'arrêt (1).

La vitesse des trains de marchandises, qui est en moyenne de 30 kilomètres peut atteindre 35 et même 40 kilomètres à l'heure.

8° *Les trains de matériaux* qui ont pour but de distribuer ou de reprendre le matériel de voie, de transporter des matériaux, etc...

La circulation de ces trains qui n'ont pas d'horaires fixes est soumise
à un régime spécial.

Cependant, lorsque des trains de matériaux doivent circuler fréquemment ou pendant une longue période déterminée, ils sont dotés d'horaires
fixes et leur circulation est réglée par un Ordre de service.

### 2°. Au point de vue de la mise en marche

Il y a lieu de considérer :

1° *Les trains réguliers* qui ont lieu chaque jour. Ces trains sont prévus
sur les tableaux réglementaires de la marche des trains.

2° *Les trains facultatifs* prévus également par les livrets de marche des
trains et qui sont mis en marche suivant les besoins.

Certains trains facultatifs n'ont lieu qu'à certaines dates ou certains
jours, soit pendant toute l'année, soit seulement pendant une période déterminée, à l'occasion de déplacements importants (foires et marchés, dimanches et fêtes, etc...). Ce sont les *trains périodiques.* Exemples : les trains
77-295-114 mis en marche dans la banlieue de Paris (ligne de Sceaux-
Limours) les dimanches et jours de fêtes, les trains 2295 et 2294 entre
La Châtre et Argenton-sur-Creuse qui n'ont lieu que les jours de foire à
La Châtre, Neuvy-Saint-Sépulchre et Cluis, etc...

Ces trains ont comme signe distinctif, sur la feuille de marche, une
colonne encadrée d'un trait *gras.*

---

(1) Certains trains de messageries ou de marchandises transportent exceptionnellement des voyageurs ; ils sont dans ce cas dénommés : Messageries-Voyageurs ou
Marchandises-Mixte.

D'autres sont mis en marche tous les jours, mais seulement pendant certaines périodes de l'année ; ils sont alors dits *temporaires*. Exemples : les trains rapides 95 et 94 entre Paris et Le Mont-Dore, 10067 et 10068 entre Limoges et Montauban, etc...

Ces trains ont comme signe distinctif sur la feuille de marche une colonne encadrée d'un *double filet*. Ils sont considérés comme trains réguliers pendant leur période de mise en marche tous les jours.

3° *Les trains spéciaux* qui ne sont pas prévus par les livrets de marche et qui n'ont lieu qu'à raison de certaines circonstances exceptionnelles (trains de pèlerinage, d'excursions, de dédoublement, etc...).

Un train spécial peut être mis en circulation pour assurer la continuation, sur la double voie, d'un train régulier en retard. L'Ordre Général 12 précise, en effet : « Sont encore considérés comme trains spéciaux les trains « réguliers expédiés des gares extrêmes ou de relais ou d'une gare principale « de bifurcation une heure trente minutes après leur heure de départ « réglementaire. »

**Numérotage des trains.**

Les trains sont, en principe, désignés par des numéros — et, exceptionnellement, par des lettres — suivant le sens de leur circulation, leur nature et leur itinéraire.

Les trains qui s'éloignent de Paris sont désignés par des numéros impairs : ce sont les *trains impairs*.

Les trains qui se rapprochent de Paris sont désignés par des numéros pairs : ce sont les *trains pairs*.

D'après leur nature et leur itinéraire, les trains sont numérotés suivant la convention suivante :

| | | |
|---|---|---|
| Luxe<br>Rapides et Express<br>(Grandes lignes) { Paris-Bordeaux | 1 à | 49 |
| Paris-Toulouse | 51 à | 79 |
| Paris-Montluçon | 81 à | 99 |
| Paris-Nantes | 101 à | 149 |
| Omnibus-Banlieue de Paris (Grand réseau) | 201 à | 499 |
| — — (Ligne de Sceaux et de Choisy-le-Roi à Massy-Palaiseau) | 1 à | 399 |
| Omnibus de section | 501 à | 3999 |
| Marchandises { de direction | 4001 à | 4499 |
| réguliers | 4501 à | 5999 |
| facultatifs | 6001 à | 8999 |
| Messageries { réguliers | 9001 à | 9499 |
| facultatifs | 9501 à | 9999 |
| Trains facultatifs de dédoublements | 10001 à | 10149 |
| Trains spéciaux (excursions, pèlerinages, etc.) | 10201 à | 11999 |
| Trains de matériaux à horaires fixés | 12001 à | 12999 |

Les trains express transversaux sont actuellement désignés, chacun, par deux lettres de l'alphabet : LO, GB, etc., OL, BG, etc.

Les trains spéciaux, autres que ceux de la catégorie prévue dans le tableau de numérotage, sont généralement désignés par des lettres de l'alphabet.

Il arrive parfois que des gares sont appelées à mettre en marche des trains spéciaux de dédoublement. Dans ce cas, les dispositions suivantes doivent être appliquées en ce qui concerne la désignation à donner à ces trains :

1° Train initial supprimé et remplacé par une marche spéciale, une marche spéciale étant tracée également pour le train de ·dédoublement, le train de triplement, etc...

Les marches spéciales seront désignées par les suffixes A, B, C, etc...

Exemple : 25 A, 25 B, 25 C, etc...

2° Train de dédoublement ou train de triplement précédant le train initial dont la marche normale est maintenue.

Le train de dédoublement sera désigné par le suffixe Z, celui de triplement Y.

Exemple : 25 Y, 25 Z, 25.

3° Train de dédoublement ou train de triplement suivant le train initial dont la marche normale est maintenue.

Le train de dédoublement sera désigné par le suffixe *bis* ; celui de triplement par le suffixe *ter*.

Exemple : 25, 25 *bis*, 25 *ter*.

Pour éviter toute confusion, les gares ne doivent pas désigner, sous les lettres Y et Z, les trains spéciaux qu'elles sont amenées à mettre en marche.

**Tracé de la marche d'un train :**  Le tracé de la marche d'un train comporte 3 éléments :
le temps de parcours entre les points d'arrêt,
le stationnement aux points d'arrêt,
le temps supplémentaire à allouer pour certaines sujétions.

*a) Marche-type.*  Le temps de parcours entre les points d'arrêt, variable suivant les vitesses, est déterminé par des tableaux de « Marches-type » établis par notre Service de la Traction pour chacune des Sections du réseau. Ces marches-type ont été calculées en faisant varier la vitesse effective suivant l'inclinaison des rampes à franchir, de manière à rendre à peu près constant, pendant la durée du trajet, le travail développé par la machine.

A ce temps de parcours viennent s'ajouter :

*b) Stationnements.*  1° le temps fixé pour l'arrêt à chacune des stations que le train doit desservir. L'importance des stationnements est évidemment très variable. S'il s'agit d'un train de banlieue, n'ayant à effectuer qu'un service rapide de voyageurs, il sera prévu une minute ou même seulement 30 secondes à chaque station d'arrêt. S'il s'agit d'un train rapide ou express, le stationnement aux gares de relais sera d'au moins 4' pour permettre l'alimentation de la machine. Il pourra être plus important, dans le cas d'échange de machines, de retrait ou d'adjonction de voitures directes, de restaurant, de wagons-poste, etc... S'il s'agit enfin d'un train de marchandises, le stationnement qui pourra n'être que de 5 à 10' dans les petites stations, atteindra une plus longue durée et pourra même dépasser une heure 30' dans les gares importantes en raison du travail de manœuvres et de manutention à effectuer, de l'opportunité de ménager une petite pause pour le repas ou le repos des équipes (exploitation et traction), de la nécessité de maintenir le train au garage pour laisser passer un train à marche plus rapide, etc... Ce sont là des cas d'espèce qu'il convient de doser avec précision en adoptant pour principe de chercher à réduire le plus possible, au début du parcours, les stationnements inévitables (de manière à ne pas user prématurément les équipes) et à ménager, au contraire, en fin de parcours, un stationnement en quelque sorte régulateur, permettant de récupérer tout ou partie des retards antérieurs.

2° une minute pour ralentissement et une minute pour prise de vitesse à chaque arrêt, ainsi qu'aux points extrêmes de départ et d'arrivée.

*c) Temps supplémentaire pour ralentissement.*

Aux gares où il y a dépassement ou croisement, sur les sections à voie unique, le temps accordé pour ralentissement, arrêt, reprise de vitesse aux aiguilles d'entrée et pour ralentissement à l'arrivée en gare est porté à 2 minutes. Cette prescription n'est pas applicable aux gares pourvues d'enclenchements appropriés. Les noms des gares se trouvant dans ces conditions sont entourés d'un filet gras sur les tableaux de marche.

3° une minute lorsque le train doit ralentir aux aiguilles prises en pointe ou aux bifurcations.

Les temps fixés par les 2° et 3° ci-dessus sont, sauf aux deux points extrêmes de départ et d'arrivée, diminués de moitié :

*a)* pour les trains légers et les trains automoteurs désignés TL et TA.

*b)* pour les trains omnibus dits à composition restreinte (désignés **CR**).

*c)* pour les trains à traction électrique. Pour ces trains, la réduction de moitié s'applique également aux 2 points extrêmes de départ et d'arrivée.

Nous connaissons maintenant théoriquement la manière de tracer un train. Dans la pratique, la question se présente d'une façon beaucoup plus complexe, car pour déterminer l'emplacement d'un train, quels que soient les besoins à desservir, il faut tenir compte du tracé des trains existants, des intervalles à observer (5' au minimum) (1) pour le passage dans les bifurcations des trains se cisaillant, des arrêts obligatoires [points d'arrêt général désignés par un damier ▧, stations de voie unique dont le système d'aiguillage ne permet pas le passage sans arrêt, croisement, dépassements (également en voie unique), prises d'eau, échanges de machines, etc...], des distances nécessitées par les cantonnements sémaphoriques (notamment quand certains postes intermédiaires sont retirés du circuit ou par certaines particularités d'exploitation [sections exploitées en navette, à faible trafic, non munies de cloches électriques] et de circulation. Les trains TL desservant des Arrêts de pleine voie non munis de mâts de signaux doivent être séparés du train régulier ou facultatif les suivant immédiatement par un intervalle d'au moins 30', cet intervalle permettant seul d'éviter la couverture du train TL pendant son stationnement à l'Arrêt. D'autre part, les trains mixtes desservant des Arrêts de pleine voie non munis de mâts de signaux doivent être séparés par un intervalle d'au moins *une heure* (sur le parcours compris entre les stations situées de part et d'autre de chaque arrêt) du train régulier ou facultatif les suivant immédiatement.

Enfin, il y a lieu de tenir compte du caractère et des installations des gares et stations du parcours, et notamment des stations à Service restreint qui n'ont pas à intervenir dans le Service du mouvement et de la circulation des trains, des stations démunies de voie d'évitement (en voie unique) dans lesquelles ne peut s'effectuer ni croisement, ni garage, des stations munies ou

------

(1) Cet intervalle dépend des circonstances locales et de la vitesse des trains.

non de voies de garages accessibles aux trains des deux sens ou seulement d'un sens déterminé, de l'occupation des voies, de l'amplitude du service (question particulièrement importante depuis l'application de la loi sur la journée de 8 heures), etc...

Le tracé d'un train est donc en réalité chose fort délicate et demande une grande sûreté de coup d'œil en même temps qu'une attention de tous les instants.

**Documents destinés à porter les horaires à la connaissance du personnel :**
**1° Livret de marche.**

Deux documents essentiels sont mis à la disposition du personnel : le livret de marche et le graphique.

## I. — Le Livret

Le livret comporte deux parties : l'annexe et les tableaux de marche.

**Annexe.**

Dans l'annexe sont réunis tous les renseignements généraux:

D'abord, un chapitre résumant les indications relatives à la marche des trains, abréviations, signes, notations.

Parmi ces signes, il en est qui ont une importance toute spéciale et sur lesquels je voudrais attirer votre attention.

— le damier ▪ qui indique le point d'arrêt général, c'est-à-dire le point (gare, station, mât, etc...) qui ne doit être franchi sans arrêt par aucun train ou machine.

— le signe ═ , qui indique les points de garage : les chiffres placés au milieu sont les N°⁸ des trains dépassant les trains garés.

— le signe ( ), qui indique les points où un train garé est dépassé par un train marchant dans le même sens: les chiffres placés au milieu sont les N°⁸ des trains dépassés.

— le signe ━━ ━━ , qui indique les points de croisement. Les chiffres placés au milieu sont les N°⁸ des trains qui se croisent.

— Les trains de voyageurs ont le signe ◆ quand ils sont soumis à certaines conditions pour l'admission des voyageurs dans ces trains, le signe X quand ils ont dans leur composition des Wagons-Restaurants ou voitures de luxe, le signe ▲ quand ils ne transportent pas les chevaux, bestiaux, voitures, cercueils et marchandises en G. V., etc...

— quand un train de voyageurs s'arrête uniquement pour les besoins du service du mouvement, sans prendre ni laisser de voyageurs, cet arrêt dit « de Service » est indiqué par le signe Ⓢ .

— quand un train de voyageurs s'arrête dans une station fermée au service du mouvement et uniquement pour le service des voyageurs et des bagages, cet arrêt est indiqué par le signe [T] .

— Les trains périodiques, c'est-à-dire ceux qui n'ont lieu que certains jours (foires, fêtes et marchés) sont désignés par un filet gras encadrant la colonne horaire.

— Les trains temporaires, c'est-à-dire ceux qui n'ont lieu que pendant une partie de l'année (l'été, principalement) sont encadrés par un double filet maigre.

Après l'énumération des signes, vient la table de numérotage des trains de toute nature.

Puis, nous trouvons les conditions d'admission des voyageurs dans certains trains.

Le Chapitre IV de l'Annexe au Livret a trait aux délais d'attente. En principe, le délai d'attente est :

       nul pour les trains rapides ;

       de 5' pour les trains express (1) ;

       de 15' pour les autres trains (1).

Par dérogation à cette règle générale, il est attribué à certains trains un délai d'attente plus étendu et parfois même illimité, en raison de l'intérêt que présente la mesure lorsqu'il s'agit notamment du dernier train de la journée ou d'un train formé avec le même matériel.

Ce chapitre indique également (tableau n° 2) les trains spéciaux à créer pour assurer la correspondance manquée par des trains en retard.

Le Chapitre V comporte la nomenclature des itinéraires détournés que les voyageurs ainsi que leurs bagages sont autorisés à suivre sans supplément de prix. Il peut arriver, en effet, que par la voie directe il n'existe pas de relation commode pour aller d'un point à un autre, alors que l'on trouve cette relation en faisant un léger détour.

Nous trouvons ensuite différents chapitres désignant les trains qui comportent habituellement des voitures directes, des wagons-restaurants et voitures de luxe, la liste des parcours pour lesquels il peut être délivré des cartes d'abonnement de travail hebdomadaire, les trains affectés au transport des journaux, des messageries, denrées et bestiaux, les trains Rapides et Express pour lesquels on délivre des tickets garde-places, les trains dans lesquels des compartiments sont réservés aux voyageurs qui ne veulent pas se séparer de leurs chiens, les trains rapides ou express recevant exceptionnellement les bagages des Commissionnaires-Messagers, les services de wagons réfrigérents ou isothermes, etc...

Nous arrivons enfin aux tableaux de la marche des trains.     **Tableaux de marche.**

Le réseau est divisé en une centaine de sections groupées suivant leur position géographique : ligne de Paris à Bordeaux et lignes correspondantes, Centre, Auvergne et Bretagne.

Chaque section donne lieu à l'établissement d'un tableau de marche distinct, portant en haut et à droite le N° de la Section avec indication du tirage (lorsque ce tableau a été réimprimé en cours de service) et de la date de mise en vigueur.

La première page comporte divers renseignements sur l'exploitation de la ligne : cantonnement sémaphorique, section ouverte ou non au service de nuit, gare de commande pour les sections à voie unique, etc...

Sur les pages suivantes figurent la liste des stations, bifurcations et embranchements particuliers avec indication du kilométrage, et l'horaire des trains classés suivant leur caractère (voyageurs, messageries, marchandises réguliers, marchandises facultatifs) et le sens de leur circulation, ainsi qu'un résumé par gare ou station des garages (en double voie), des garages et croisements (en double voie et en voie unique).

Enfin, au verso du tableau, est reproduit le profil en long de la section parcourue, avec indication des prises d'eau, des dépôts de machines (avec ou sans machines de secours), des rampes, des particularités de la ligne (tunnels, viaducs, etc...), des stations et des postes sémaphoriques.

---

(1) Les trains de marchandises transportant des voyageurs ne sont pas attendus par les trains de voyageurs correspondants.

## II. — Le Graphique

**2° Graphique.**

Le graphique est la reproduction exacte de tous les trains circulant à une heure quelconque, en un point quelconque, sur le réseau.

Les divisions verticales du graphique indiquent les différentes heures de la journée (de 0 à 24). Ces divisions sont elles-mêmes scindées de 1/4 d'heure en 1/4 d'heure et (lignes pointillées) de 5' en 5'.

Les divisions horizontales correspondent aux noms des stations.

Chaque train est figuré par une ligne inclinée.

Le graphique est surtout précieux lorsqu'il s'agit de tracer la marche d'un train spécial, car il permet de déterminer exactement les trains qu'il faut supprimer ou faire garer en cours de route pour faciliter la libre circulation du train spécial.

**Documents destinés à porter les horaires à la connaissance du public.**

Les horaires sont portés à la connaissance du public :

1° par le livret-horaires placé dans les salles d'attente des gares et stations. Ce livret, fixé sur chevalet, est un indicateur très complet du réseau, pour le transport des voyageurs et des messageries avec carte du réseau, table et indication des principaux services directs. Il est expressément recommandé de le tenir toujours en bon état et d'en effectuer le remplacement dès que certaines pages sont malpropres ou déchirées.

Indépendamment du livret-horaires complet, il est adressé aux stations des pages détachées comportant la section sur laquelle elles se trouvent. Ces pages sont alors collées sur des tableaux apposés en évidence près des guichets, après que le nom de la station et les horaires s'y rapportant ont été soulignés d'un gros trait, de manière à attirer l'attention du Public.

2° par les affiches numérotées de 1 à 3 destinées à être placardées dans les gares ayant une certaine importance.

Il existe également deux affiches des lignes de banlieue (Etampes-Dourdan et Limours).

Dans quelques grandes gares, les indications des livrets-horaires et des affiches sont complétées par des affiches-horaires réimprimées à chaque changement de service et indiquant en gros caractères, pour chaque direction, les heures d'arrivée et de départ de tous les trains, celles relatives aux trains Express étant imprimées en rouge. Enfin des tableaux à fiches mobiles ont été installés dans les gares de Paris-Pont-Saint-Michel, Blois, Poitiers, Bourges, etc...

3° par le livret-guide.

4° par l'Indicateur Chaix comportant les horaires des trains de tous les Réseaux, distribué 2 ou plusieurs fois par an à toutes les gares du réseau sauf à celles de très faible importance, ainsi que par le Livret Chaix donnant les horaires des trains sur le Réseau d'Orléans seulement.

Ces indicateurs ne sont pas toutefois des documents officiels et la Compagnie n'est pas responsable des erreurs qu'ils pourraient comporter.

La Compagnie d'Orléans fait également éditer des affiches illustrées, des notices, des brochures. Elle fait insérer dans les journaux, au moment propice et notamment à l'approche d'un changement de service, des notes destinées à renseigner le Public sur les principales modifications d'horaires et les nouvelles facilités consenties. En un mot, elle cherche, par tous les moyens en son pouvoir, à favoriser le développement des relations sur le réseau en faisant connaître ses richesses naturelles et les principales combinaisons de prix et d'horaires qui en permettent l'accès.

# TITRE VI

## SERVICE DES TRAINS EN MARCHE

### Conférence de M. DUCONGÉ

Inspecteur Principal (Service du Mouvement)

## ORDRE GÉNÉRAL 3

L'Ordre général 3 contient les règles fondamentales relatives au service des Agents des trains : Conducteurs et Chefs de train. Nous en indiquerons les principales prescriptions en insistant sur celles qui se rapportent à la marche et à la sécurité des trains et examinerons également les Instructions qui les commentent ou les complètent.

L'Ordre général 3 se divise en deux parties : la première concerne le service des Conducteurs, la seconde celui des Chefs de train.

Chacune de ces parties est subdivisée en 4 paragraphes.

Les paragraphes I et V renferment les dispositions générales, ils précisent le rôle, la responsabilité et les devoirs des Conducteurs et Chefs de train.

Les paragraphes II et VI ont trait au service des Conducteurs et Chefs de train avant le départ du train qu'ils doivent accompagner.

Les paragraphes III et VII indiquent ce que les Conducteurs et Chefs de train doivent faire en cours de route.

Les paragraphes IV et VIII enfin fixent leurs obligations à l'arrivée du train.

Dans notre exposé nous adopterons l'ordre déterminé par l'Ordre général 3.

PREMIERE PARTIE

# SERVICE DES CONDUCTEURS

## § I. — Dispositions générales

Les dispositions générales concernant le service des Conducteurs sont contenues dans les articles 1 à 5 de l'Ordre Général.

J'attire votre attention sur les prescriptions relatives au rôle et à la responsabilité de ces Agents qui concourent sous la direction du Chef de train à tout ce qui concerne le service du train : surveillance, manœuvre des freins à main, service des voyageurs, des bagages et des marchandises, fermeture des portières et des glaces des compartiments, fermeture des portes des guérites de freins, etc...

Les Conducteurs sont également chargés de faire respecter les Lois et Règlements sur la police des chemins de fer pour ce qui concerne en particulier les interdictions faites aux voyageurs qui figurent dans les articles 77 à 85 du Décret du 11 novembre 1917 et dont nous résumons les principales : entraves à la circulation des trains, entrée dans les voitures sans billet, occupation abusive des places, ouverture des portières en marche, usage intempestif du signal d'alarme, détérioration du matériel, interdiction de pénétrer dans les voitures avec des armes à feu, des objets pouvant gêner les voyageurs par leur volume ou leur odeur, interdiction d'admettre des animaux dans les voitures servant au transport des voyageurs, etc... Les Conducteurs doivent dresser ou faire dresser des procès-verbaux aux contrevenants.

L'article 4 donne l'énumération des pratiques interdites aux Conducteurs, j'y relève celles qui ont trait à leur sécurité personnelle : défense de monter dans les trains en marche et de se tenir debout à leur vigie pendant le trajet sans nécessité de service.

De nombreux Conducteurs ont été malheureusement victimes d'accidents graves pour avoir transgressé ces prescriptions.

L'article 5 enfin donne la nomenclature des agrès et des documents dont les Conducteurs doivent être constamment porteurs. Au cours de cette leçon nous aurons l'occasion de parler de l'emploi à faire de ces agrès.

## § II. — Service avant départ

Les dispositions relatives au service avant départ font l'objet des articles 6 à 10 de l'Ordre général 3.

En premier lieu (art. 6), il est fait obligation aux Conducteurs de se présenter au Chef de gare et de viser un carnet (mod. 950) sur lequel sont indiquées chaque jour les particularités de la circulation sur la section parcourue par leur train.

Les devoirs des Conducteurs étant différents suivant qu'ils occupent la tête ou la queue du train, le Règlement précise leurs fonctions dans chaque cas. Au Conducteur de tête est dévolu le soin de transmettre au Mécanicien pendant la marche les signaux que ses Collègues peuvent avoir à émettre ; il est donc indispensable que ce Conducteur soit en communication permanente avec le Mécanicien : cette liaison est réalisée au moyen d'un cordeau qui actionne un timbre placé sur le tender. Le Conducteur de tête doit accrocher ce cordeau avant le départ du train et s'assurer de son bon fonctionnement. Quant au Conducteur de queue, c'est à lui qu'incombe (sauf dans les gares pourvues de lampistes) la vérification de l'éclairage et de l'entretien des signaux d'arrière du train, c'est lui qui doit signaler également, en se conformant aux prescriptions de l'art. 6 de l'Ordre général 11, les trains facultatifs ou spéciaux qui suivent immédiatement son train. Le carnet 950 cité plus haut contient la nomenclature de ces trains facultatifs et spéciaux.

Les articles 9 et 10 de l'Ordre général donnent le détail des autres obligations des Conducteurs avant le départ. Nous les résumons en disant qu'ils doivent visiter minutieusement à tous les points de vue la partie du train qui leur est attribuée, tant en ce qui concerne les véhicules que leur chargement et signaler à leur Chef de train toutes les irrégularités ou oublis qu'ils constatent.

Dans les trains de voyageurs, ils concourent en outre à la manutention, à la montée et à l'installation des voyageurs ; vis-à-vis de ces derniers la plus grande politesse leur est recommandée.

Dans ces trains c'est le Conducteur de queue qui, par un coup de sifflet donné en face de la voiture occupée par lui, indique que le service est terminé ; le signal de départ ne peut être donné qu'après l'émission de ce coup de sifflet.

## § III. — Service en cours de route

Les dispositions relatives au service en cours de route font l'objet des articles 11 à 19 de l'Ordre général 3.

Les Conducteurs étant particulièrement chargés de la manœuvre des freins, le Règlement (art. 11 à 14) précise leurs obligations à cet égard dans les différentes circonstances qui peuvent se présenter :

Obéissance stricte aux signaux du Mécanicien émis à l'aide du sifflet de la machine et dont ils ont à connaître à fond la signification de manière à s'y conformer sans aucune hésitation ni retard ;

Desserrage des freins avant le départ du train pour éviter les ruptures d'attelages ;

Signaux à faire dans les trains de marchandises par le Conducteur de queue au moyen de son drapeau roulé le jour, ou de sa lanterne tournée au blanc la nuit et répétés le cas échéant par ses Collègues occupant des freins intermédiaires pour indiquer au Chef de train placé en tête que tout le train s'est mis en marche ;

Serrage immédiat des freins et signaux à faire en cas de danger, d'emballement du train ou d'accident nécessitant l'arrêt du train ;

Serrage des freins en cas de manœuvre, lorsqu'une partie de train coupée de la machine est laissée sur la voie principale et indication de ce serrage par chaque Conducteur au moyen d'un signal d'arrêt présenté sur le côté du véhicule qu'il occupe.

Sur ce point, l'Instruction 347 prescrit des mesures complémentaires d'enrayage sur les voies en pente ou sur les paliers en cas de grand vent ;

l'Instruction 354 édicte également des précautions spéciales de calage et d'enrayage en cas de stationnement prolongé de rames freinées au frein continu dont les cylindres à frein n'étant pas rechargés, les freins viennent à se desserrer.

De même qu'avant le départ, les Conducteurs doivent en cours de route surveiller tout ce qui intéresse la marche ou la sécurité du train.

C'est pour remplir ce but que l'article 15 de l'Ordre général 3 leur prescrit d'apporter la plus grande attention aux signaux de toute nature s'adressant à leur train pour les transmettre si besoin en est au Conducteur de tête et par son intermédiaire au Mécanicien. Lorsque le train circule sur la double voie ils doivent observer également ce qui se passe sur la voie de sens contraire et en cas d'intempéries surveiller tout spécialement les abords de la voie ou des menaces d'interruption de la circulation peuvent se produire.

L'article 16 concerne les mesures à prendre par le Conducteur de queue pour couvrir à l'arrière le train qu'il accompagne, lorsque ce train s'arrête soit en dehors des gares, soit en dehors de son point de stationnement dans la gare. Lors de l'étude de l'Ordre général 11, il vous a été indiqué les formalités à remplir dans ce cas. Je crois néanmoins devoir insister sur l'importance de la mission qu'a à remplir le Conducteur de queue et qui ressort des termes mêmes du Règlement que je reproduis ci-dessous :

« Le Conducteur de queue doit, sans la moindre hésitation, sans pren-
« dre aucun renseignement, sans attendre aucun ordre, se porter de suite et
« en courant, à *1.000 mètres au moins* en arrière pour faire le signal d'arrêt
« *appuyé de pétards* à tout train et à toute machine qui pourraient surve-
« nir. »

Le Règlement ajoute que le Conducteur de queue parti à 1.000 mètres ou au delà pour couvrir doit rester à ce poste, jusqu'à ce que le train se soit remis en marche et continuer à faire le signal d'arrêt pendant 10' (5' sur les sections cantonnées électriquement).

La sécurité du train repose sur l'accomplissement strict de cette formalité.

Il vous a été expliqué en étudiant l'Ordre général 11 les exceptions que comporte cette règle lorsque le train s'arrête à un mât pourvu à proximité d'un levier d'un mât de Conducteur ou à un sémaphore près duquel se trouve le levier d'un mât avancé (art. 13 de l'Ordre général 11).

Il est également permis au Conducteur de queue de se faire suppléer pour la couverture par un Agent de la voie, mais seulement lorsqu'il a parcouru la distance réglementaire de couverture (Instruction 446).

L'article 16 enfin prescrit le remplacement par un autre Conducteur du train du Conducteur de queue parti à couvrir et impose à ce dernier l'obligation de vérifier l'état des appareils à pétards qu'il peut rencontrer et de remplacer les pétards écrasés. L'Instruction 283 donne le détail des mesures à prendre à cet égard.

Une autre obligation (art. 17 de l'Ordre général) est faite au Conducteur de queue d'un train sur les sections à voie unique : celle de s'assurer dans les gares où le train en croise un autre qu'il dégage complètement l'aiguille d'entrée afin d'éviter une prise en écharpe si le train croiseur était expédié avant le dégagement de cette aiguille. Dans ce but, ce Conducteur fait à son train le signal d'avancer et s'il n'est pas observé arrête également par des signaux le train croiseur en se portant au besoin au-devant de lui et plaçant des pétards sur la voie en avant du croisement à protéger.

En cours de route, les Conducteurs ont encore à observer d'autres devoirs qui font l'objet des articles 18 et 19 de l'Ordre général.

Livre I

Dans un train de voyageurs, ils doivent notamment procéder aux appels des gares, ouvrir les portières, vérifier l'éclairage intérieur des voitures, exiger des voyageurs l'engagement de payer les sommes dues pour dégradation, déclassement ou toute autre cause, etc... ; dans tous les trains ils doivent se mettre à la disposition du Chef de train et du Chef de service, participer activement à la manutention et aux manœuvres de façon à éviter les retards, vérifier les attelages, relever les avaries de matériel ou chauffage de boîtes, etc., exercer une surveillance constante sur l'état des chargements, le plombage ou cadenassage des wagons, se préoccuper de l'état des animaux transportés le cas échéant par leur train, etc. En un mot, comme nous l'avons déjà dit à propos des dispositions générales, leur action doit s'exercer sur toutes les parties du service du train.

## § IV. — Service à l'arrivée

Les dispositions relatives au service à l'arrivée font l'objet des articles 20 et 21 de l'Ordre général.

De même que dans les gares du parcours les Conducteurs doivent à l'arrivée du train à la gare terminus se mettre à la disposition du Chef de service et aider le Chef de train dans toutes les parties du service, ainsi qu'il a été exposé au paragraphe précédent. En outre, il leur est interdit de quitter la gare sans l'autorisation de leur Chef de train.

DEUXIEME PARTIE

# SERVICE DES CHEFS DE TRAIN

## § V. — *Dispositions générales.*

Les dispositions générales concernant le service des Chefs de train font l'objet des articles 22 à 26 de l'Ordre général 3. Elles s'appliquent également aux Conducteurs dits autorisés, c'est-à-dire à ceux de ces Agents qui, après avoir subi un examen spécial, ont été reconnus par leur Chef d'Arrondissement comme aptes à remplir les fonctions de Chef de train.

Parmi les dispositions générales, nous relevons celle relative à l'autorité des Chefs de train qui s'étend sur tout le personnel du train y compris les Mécaniciens et les Chauffeurs, les Chefs de train eux-mêmes relèvent du Chef de gare de leur résidence et au cours de leur service sont sous les ordres des Chefs des gares dans lesquelles ils se trouvent.

Ils conservent toutefois la direction générale du service dans les gares dites à service restreint dont le personnel n'est pas qualifié pour intervenir dans les prescriptions réglementaires relatives à la circulation des trains, ou lorsque leur train dessert des gares fermées momentanément au Service du Mouvement. Les Instructions 441 et 442 dont nous parlerons plus loin règlent ce service spécial.

Il est spécifié à l'article 24 que le Chef de train est personnellement responsable de ses Conducteurs au départ, en cours de route et à l'arrivée, c'est-à-dire tant qu'ils sont sous ses ordres et qu'il a également la responsabilité du service du train pendant la marche ou lorsque le train est arrêté sur la voie en dehors des limites des gares. Le Mécanicien doit, dans ce cas, obéir aux ordres du Chef de train, quoique la responsabilité de la conduite du train lui incombe entièrement.

L'article 25 a trait à la surveillance à exercer par les Chefs de train sur les personnes autorisées à circuler sur les machines ou dans les trains de marchandises et leur fait interdiction formelle de laisser monter les voyageurs dans les fourgons à bagages.

L'article 26 enfin leur fait une obligation d'être constamment porteurs des mêmes documents et agrès que les Conducteurs et d'avoir en plus une montre, une plaque en zinc pour l'établissement au décalque du journal du train, le livret de freinage au poids et ses annexes et un carnet de demande de secours.

## § VI. — *Service avant départ.*

Les prescriptions relatives au service avant le départ font l'objet des articles 27 à 31 de l'Ordre général 3.

Les obligations que nous avons développées au § II, pour ce qui concerne les Conducteurs (visa du carnet mod. 950, visite minutieuse du train après sa formation, etc...), incombent également aux Chefs de train.

En outre, lorsqu'ils sont de service dans un train de voyageurs, ils ne doivent pas partir sans être munis d'une boîte à pansements et d'un groupe de seaux de toile pour le cas d'incendie. L'instruction 546 règle en détail l'emploi de ces objets.

Ils ont également à s'assurer que chaque Conducteur est à son poste et muni des agrès réglementaires, que le cordeau est accroché et fonctionne bien, que les signaux d'arrière sont mis en place. Ils doivent enfin vérifier la composition et le freinage de leur train en se conformant aux prescriptions de l'article 1er de l'Ordre général 38.

L'article 29 indique la place à occuper par le Chef de train. Dans les trains de voyageurs, il est en principe en tête, mais doit prendre place ailleurs si le service l'exige et au besoin servir un frein à main. Dans les trains de marchandises, il est chargé de la manœuvre d'un frein et occupe en principe le poste de Conducteur de tête.

L'article 30 précise les responsabilités du Chef de train en ce qui concerne les transports acheminés par le train qu'il accompagne ; il doit avec l'aide de ses Conducteurs, au besoin, faire la reconnaissance des colis chargés dans son fourgon et en particulier prendre en charge à l'encre ou au crayon d'aniline sur un carnet spécial mod. 950, les finances et articles de valeur. Il donne décharge de ces colis en émargeant le même carnet à la gare qui les lui remet et fait également émarger son propre carnet à l'arrivée.

Avant son départ, il reçoit et vérifie les feuilles du train (journal, feuilles de mouvement, etc...) dont l'emploi est réglé par l'Ordre général 38 (art. 12 à 14).

L'article 31 enfin prescrit au Chef de train de s'assurer dans la mesure où il peut le faire que lorsque le signal de départ lui est donné aucun signal d'arrêt s'adressant à son train n'est dans la position de fermeture.

Il doit encore — et cette obligation est particulièrement importante — s'assurer personnellement dans les gares où son train doit effectivement croiser un autre convoi, que ce dernier est arrivé lorsque le signal de départ lui est donné.

## § VII. — Service en cours de route

Les prescriptions concernant les devoirs des Chefs de train en cours de route sont comprises dans les articles 32 à 36 de l'Ordre général.

L'article 32 définit les obligations du Chef de train dans le trajet ; il a l'initiative et la responsabilité de toutes les mesures propres à assurer la bonne marche et la sécurité de son train sauf le cas où il en est déchargé par un agent supérieur qualifié pour prendre la direction du service.

Aux Chefs de train sont donc applicables les dispositions que nous avons étudiées dans le § III concernant le service des Conducteurs en cours de route et qui concernent la manœuvre des freins, les signaux de démarrage, les signaux d'arrêt en cas de danger, les précautions à prendre dans les manœuvres pour éviter les dérives, la surveillance à exercer en cours de route sur les signaux fixes et mobiles s'adressant au train, le service des voyageurs pendant les arrêts, le chargement et le déchargement des colis, la vérification du train pendant les stationnements, etc...

Le Chef de train doit en outre établir la feuille de marche dans les conditions indiquées à l'article 13 de l'Ordre général 38.

En cas de tentative criminelle contre son train, il doit constater les faits par un procès-verbal circonstancié.

L'article 33 règle le rôle très important du Chef de train vis-à-vis du

Mécanicien ; celui-ci est directement responsable de l'observation des signaux, mais sur la voie unique quand il s'agit des signaux placés aux abords des gares où le train doit croiser ou dépasser d'autres trains et sur la double voie des signaux placés aux abords des points entre lesquels est organisé un service de voie unique, le Chef de train a le devoir de veiller à ce que le Mécanicien obéisse strictement à ces signaux.

Le Chef de train doit en outre veiller à ce que le Mécanicien se conforme aux indications du tableau de marche et aux ordres écrits susceptibles de modifier la marche du train, dont il peut être porteur.

Si le Mécanicien n'obéit pas aux prescriptions ou aux signaux en question, le Chef de train doit faire aussitôt arrêter le train en actionnant le frein continu ou à défaut le timbre du tender.

Si le Chef de train n'est pas placé dans des conditions lui permettant d'obtenir immédiatement cet arrêt, c'est au Conducteur de tête, dûment renseigné par lui, qu'est dévolu le soin de faire arrêter le train.

Nous avons exposé plus haut dans quelles conditions un train arrêté en pleine voie devait être couvert. Dans ce cas, le Chef de train (art. 34) doit avant toute autre préoccupation s'assurer que la couverture a bien été assurée.

Si l'arrêt est dû à un accident, il doit prendre toutes les mesures que comporte la situation : s'il y a des blessés, les faire secourir promptement, donner avis de l'accident à la gare la plus proche, afin de permettre à cette gare d'aviser les Autorités intéressées. L'Instruction 18 règle cette partie du service.

Il est enfin prescrit au Chef de train de se conformer strictement à l'Instruction concernant le freinage des trains (Instruction 487) et en particulier dans le cas où il ne peut remplacer un Conducteur manquant.

L'article 37 règle le service du Chef de train au point de vue de la manutention des colis dont il a la charge et des écritures qui lui sont confiées ; il doit préparer d'avance les colis à décharger en cours de route de manière à ne pas retarder le train, vérifier les feuilles qu'on lui remet, faire poinçonner pour sa décharge son carnet mod. 150 des finances et valeurs, etc... Il doit s'employer à régulariser les erreurs lorsqu'il s'en produit, éviter les avaries par un arrimage soigneux des colis, etc...

Le Chef de train doit en outre se conformer aux prescriptions de l'Ordre général 38 pour ce qui concerne les wagons à prendre ou à laisser en cours de route, les marchandises à charger ou décharger au passage, se faire renseigner par ses Conducteurs sur l'insuffisance de place dans les fourgons et voitures, de manière à pouvoir faire ajouter les forcements utiles par la première gare pourvue des ressources nécessaires, etc...

Il doit également assurer ou faire assurer la garde de son train, s'il s'agit d'un train de marchandises stationnant dans une gare après le service terminé et empêcher que les autres Agents du train ne quittent l'enceinte du chemin de fer ; en cas de garage, il doit s'assurer de l'extinction des signaux rouges à l'arrière ou de leur report à l'avant si le garage a lieu sur une voie principale.

L'article 36 enfin prescrit aux Chefs de train de transmettre avec soin à leurs remplaçants les bulletins et ordres écrits dont ils sont porteurs, lorsque la relève des équipes a lieu en cours de trajet.

Nous avons indiqué au § V (Dispositions générales) que les Chefs de train étaient placés au cours de leur service sous l'autorité des Chefs des gares dans lesquelles ils se trouvent, mais qu'exceptionnellement ils conservaient la direction et la responsabilité du service dans les gares dites à service res-

treint et dans les gares desservies par leur train bien qu'elles soient fermées
au service du mouvement.

Ci-dessous nous résumons les prescriptions des Instructions 441 et 442
qui règlent cette partie du service.

### Arrêts des trains dans les gares à service restreint
### (Instruction 441)

Pendant les arrêts des trains dans les gares désignées sur les tableaux
de marche sous le nom de gares « *à service restreint* » et qui n'intervien-
nent pas dans le service du mouvement et de la circulation des trains, le Chef
de train a la direction et la responsabilité des manœuvres et de toutes les
mesures concernant la sécurité de son train. C'est lui qui donne le signal du
départ comme dans le cas d'arrêt d'un train en pleine voie.

En cas de manœuvre dans ces gares, les clefs des aiguilles et des taquets
sont remises au Chef de train par l'Agent chargé du service de la gare, lequel
doit toutefois couvrir réglementairement les trains arrêtés et s'assurer après
la manœuvre que les aiguilles et taquets sont bien remis dans leur position
normale.

Au cas où un accident ou une détresse se produit à son train au cours
d'un arrêt dans une gare à service restreint, c'est au Chef de train qu'il
appartient d'apprécier, après avoir pris au besoin l'avis du Mécanicien, si
son train peut être dépassé (sur la double voie), dépassé ou croisé (sur la voie
unique) par un autre train.

Sur la double voie, le Chef de train avise, par le télégraphe, téléphone ou
à défaut par exprès du garage, les gares voisines à service normal, et peut
expédier le train garé en le distançant réglementairement des trains qui le
précèdent et le suivent ;

Sur la voie unique il avise également du garage du train les deux gares
à service normal les plus voisines ; celles-ci peuvent alors expédier un autre
train vers la gare à service restreint comme si le train en détresse était supprimé.

Si une des deux gares à service normal a déjà expédié un train derrière
le train en détresse avant d'avoir reçu l'avis du garage de ce dernier, c'est le
Chef de train qui donne l'ordre de dépassement dans la gare à service restreint, après avoir fait marquer par cet autre train un premier arrêt au mât
avancé, un second arrêt à l'aiguille d'entrée, un troisième arrêt à la gare,
conformément à l'article 17 de l'Ordre général 13.

En outre, si cet autre train n'a pas d'arrêt normal à la gare à service
restreint, le Chef de train envoie à sa rencontre un Agent chargé de poser des
pétards au point le plus éloigné que cet agent peut atteindre sans toutefois
dépasser le mât avancé.

Lorsqu'un train garé dans une gare à service restreint est en état de
repartir, il est procédé par les soins du Chef de train, au moyen du télégraphe ou du téléphone ou à son défaut par exprès, à une demande de voie à la
gare vers laquelle se dirige ce train. Le Chef de train ne peut expédier le
train garé qu'après avoir reçu l'assurance que la voie est libre entre la gare
vers laquelle il se dirige et la gare à service restreint.

### Arrêts de certains trains de voyageurs et de messageries dans les stations
### fermées à tout service de mouvement (Instruction 442)

Certaines gares dites à éclipse ou à amplitude limitée et autorisées à
cesser tout service de mouvement pendant certaines heures, peuvent pendant

cette période être desservies par des trains de voyageurs et de messageries à la condition que leur service ne nécessite aucune manœuvre, ni aucune opération intéressant la sécurité en dehors de la couverture des trains en question par les mâts avancés.

Les arrêts des trains effectués sous le régime défini ci-dessus sont indiqués sur les tableaux de marche.

Pendant les arrêts des trains sous ce régime, c'est le Chef de train qui a la direction et la responsabilité de toutes les mesures concernant la sécurité de son train. Il donne le signal du départ comme dans le cas d'arrêts en pleine voie.

En cas de détresse ou d'incident nécessitant, soit des manœuvres, soit des opérations intéressant la sécurité, le Chef de train doit faire prévenir le Chef de gare qui reprend alors la direction du service.

Les Chefs de train enfin ont des obligations spéciales lorsqu'ils accompagnent des trains dits légers, des machines circulant isolément ou enfin certains trains mixtes désignés sur les tableaux de marche.

Les prescriptions de l'espèce que nous résumons ci-dessous font l'objet de l'Instruction 456 et de son annexe.

### Trains légers. — Machines circulant isolément
### (Instruction 456 et Annexe)

*a) Trains légers.* — Ce sont des trains dont le tonnage et la composition doivent remplir des conditions spéciales.

Le tonnage ne doit pas dépasser 200 tonnes (non compris le poids de la machine et du tender et, en cas de double traction, des machines et de leurs tenders).

La composition ne doit pas dépasser 24 essieux (non compris celui de la machine et du tender et, en cas de double traction, des machines et de leurs tenders).

De plus, les trains légers ayant de 17 à 24 essieux doivent être pourvus d'un fourgon de choc derrière la machine.

Les trains légers peuvent circuler sur toutes les sections du réseau et sont désignés sur les tableaux de marche par la mention T. L.

Les trains légers sont soumis à des règles particulières pour ce qui concerne leur freinage, leur accompagnement, leur distancement des autres trains et leur couverture.

Lorsque les trains légers sont composés exclusivement de véhicules munis du frein continu, ils sont dispensés d'avoir un frein servi sur l'un des derniers véhicules ou sur le dernier véhicule du train par dérogation au 4° alinéa de l'article 2 de l'Instruction 491 (2° tirage).

Lorsque les trains légers ne sont pas exclusivement composés de véhicules munis du frein continu, le nombre maximum des essieux non munis de ce frein est limité à 8, étant entendu, par une nouvelle dérogation à l'article 2 — 5° alinéa — de l'Instruction 491 (2° tirage) que si ce chiffre de 8 essieux non munis excède le tiers de l'effectif total des essieux du train, le frein continu peut néanmoins fonctionner dans le train léger. Pour permettre ce fonctionnement du frein continu, les véhicules non munis du frein continu doivent obligatoirement être attelés en queue.

Le personnel des trains légers peut être réduit comme il suit :

*a)* 1 mécanicien   } sur la machine.
    1 chauffeur

1 chef de train (ou 1 conducteur autorisé à faire fonction de chef de train).

*b)* 1 mécanicien.

1 chef de train (ou 1 conducteur autorisé à faire fonction de chef de train).

Lorsque le train léger est accompagné comme il est dit en *a)*, le chef de train prend place en tête quand tous les véhicules du train léger sont munis du frein continu et que, par suite, il n'est pas nécessaire d'assurer le freinage de queue ; si tous les véhicules ne sont pas munis du frein continu, et qu'il soit, en outre, nécessaire d'assurer le freinage de queue, c'est le chef de train qui assure ce freinage en servant un frein à main sur l'un des derniers véhicules ou sur le dernier véhicule du train, en conformité du paragraphe III de l'Instruction 487 (2ᵉ tirage). Qu'il soit en tête ou en queue, le Chef de train est relié au mécanicien par le cordeau permettant d'actionner le timbre du tender (article 7 de l'Ordre Général 3).

L'accompagnement *b)* ne peut avoir lieu que pour les trains ne comportant pas plus de 16 essieux et n'exigeant pas un freinage en queue. Dans ce cas, le Chef de train prend place soit sur la machine, soit dans le premier véhicule du train d'où il peut accéder facilement à la machine et d'être en mesure de l'arrêter au besoin.

Au point de vue de leur couverture, les trains légers sont soumis à des conditions spéciales lorsque leur marche est tracée suivant la règle générale à 30' au moins en avant du train régulier ou facultatif qui les suit immédiatement.

Si cette condition est remplie entre deux gares consécutives A et B et si, sur le trajet entre ces deux gares, le train léger ne dessert aucun arrêt de pleine voie non muni de mât de signaux, il n'est pas nécessaire de le couvrir en cas d'arrêt en dehors d'un point habituel de stationnement, à la condition qu'il n'ait pas perdu plus de 15 minutes depuis son départ de la gare A.

Pour l'application de cette règle, il est prescrit de distancer à 30' entre A et B, en l'arrêtant au besoin, tout train ou machine circulant immédiatement derrière le train léger.

Toutefois, comme le maintien, dans tous les cas, de cet intervalle de 30' entre le train léger et le train qui le suit immédiatement pourrait être une cause de gêne pour la circulation, si, notamment, le train léger met moins de 30' pour aller de A à B, il a été prévu que ledit intervalle pourrait être réduit dans la limite des règles d'espacement fixées par l'article 13 de l'Ordre Général 11, pour les trains ordinaires, soit après un échange de dépêches de cantonnement téléphonique entre A et B, soit à la condition que la gare A remette au Chef du train léger un avis écrit l'informant que ce train sera suivi à moins de 30', sur le parcours de A à B, par un train ou une machine désigné, et lui adjoigne un conducteur si le train n'est pas accompagné de deux agents au moins. En cas d'arrêt, le train léger est alors couvert comme un train ordinaire.

Il peut arriver, enfin, sur les troncs communs notamment, que par exception à la règle générale la marche d'un train léger soit tracée entre A et B à moins de 30' en avant du train régulier ou facultatif qui le suit immédiatement. Dans ce cas, le train léger n'est soumis qu'aux règles d'espacement fixées par l'article 7 de l'Ordre Général 12, et, en cas d'arrêt, doit être couvert immédiatement comme un train ordinaire.

Lorsqu'il est nécessaire de couvrir un train léger dont le personnel ne comprend qu'un Chef de train, cet agent assure la couverture à l'arrière ; la couverture à l'avant est assurée, s'il y a lieu, par le chauffeur (ou par le mécanicien s'il n'y a pas de chauffeur sur la machine).

Le Chef de train est muni à cet effet, en outre de ses agrès réglementaires, de deux piquets, de deux plaques portant l'inscription en lettres blanches « train léger », de deux lanternes à verre rouge portant la même inscription.

Dès que le train s'arrête, le Chef de train ou le Mécanicien se porte à la distance réglementaire de 1.000 mètres et plante sur l'accotement de la voie le piquet porteur de la plaque et surmonté du drapeau rouge pendant le jour ou de la lanterne rouge la nuit.

Il pose, en outre, des pétards sur la voie à 25 mètres en avant de ce signal et rejoint ensuite son train. A l'arrivée à la gare suivante, le Chef du train léger la prévient de la présence sur la voie des signaux de couverture pour lui permettre de les faire enlever le plus rapidement possible.

Le Chef du train suivant qui rencontre ledit signal et marque l'arrêt devant lui est prévenu, en voyant l'inscription dont il vient d'être question, qu'il a devant lui un train léger en détresse ou arrêté en pleine voie. Il enlève alors ce signal, le prend avec lui et donne l'ordre de départ au Mécanicien, en lui prescrivant de marcher avec prudence, de manière à pouvoir s'arrêter dans la partie de voie en vue jusqu'à ce qu'il ait rejoint le train léger ou qu'il ait acquis la certitude que ce train a pu se remettre en marche et a l'avance exigée par le Règlement.

Si un train léger arrêté en pleine voie a besoin de secours et que la machine n'est pas en état de poursuivre sa marche seule, le Chef de train, s'il ne peut faire porter la demande de secours par un Agent de la voie, doit la faire porter par le Chauffeur, s'il y a un Chauffeur sur la machine et si le poste télégraphique le plus voisin est en avant ; dans le cas contraire, il la porte lui-même.

La protection du train est assurée du côté où la machine de secours est attendue dans les conditions indiquées ci-dessus.

Les trains légers marchent au frein continu, mais leur composition doit toujours comprendre un nombre suffisant de freins à main pour pouvoir satisfaire aux prescriptions de l'Instruction 487 sur le freinage, en cas de dérangement susceptible de se produire dans le fonctonnement des freins continus.

S'il survient un dérangement de cette nature, le Chef de train prend place dans un des derniers véhicules du train muni du frein à main, il sert ce frein après avoir donné l'ordre au Mécanicien de continuer sa marche avec prudence, c'est-à-dire avec une vitesse modérée, telle qu'il puisse toujours s'arrêter dans un parcours de 1.000 mètres, s'il se présente un obstacle ou un signal. Il complète, à la première gare où cela est possible, le personnel du train dans les conditions réglementaires et s'il n'y a pas de Chauffeur sur la machine, il y prend place et remplit les fonctions de Chauffeur.

Si le dérangement se produit sur une longue rampe (rampe de plus d'un kilomètre sur un profil de 10 ‰, ou plus), le train léger ne peut repartir que si le freinage de dérive peut être assuré ; dans le cas contraire, une machine de secours doit être demandée pour pousser le train.

Un train désigné comme léger peut « après notification écrite au Chef de train et au Mécanicien » être transformé en train ordinaire de voyageurs omnibus ou mixte, soit à la gare de formation, soit en cours de route ; sa composition et sa marche sont alors réglées suivant les Ordres généraux ou spéciaux et les Instructions de la Compagnie pour les trains ordinaires; toutefois, les dispositions indiquées ci-dessus pour la couverture continuent à être appliquée aux trains légers ainsi transformés en trains ordinaires.

LIVRE I

*b) Machines circulant isolément.* — Comme il vous a été dit, lors de l'étude de l'Ordre général 11, les machines isolées doivent, en cas d'arrêt, être couvertes dans les conditions prévues à l'article 13 de cet Ordre général, à la diligence et sous la responsabilité de l'Agent qui les accompagne.

Pratiquement cette couverture est assurée comme il suit si aucun Agent de la Voie ne peut en être chargé :

A l'arrière, par le Chef de train ou, s'il n'y a pas de Chef de train, par le Chauffeur.

A l'avant (si exceptionnellement il y a lieu de couvrir dans cette direction), par le Chauffeur lorsque celui-ci n'a pas été couvrir à l'arrière ou dans ce dernier cas, par le Mécanicien.

Lorsque, conformément à ces dispositions, le Chef de train, le Mécanicien ou le Chauffeur (dans le cas où ce dernier va couvrir à l'arrière) ont à assurer la protection d'une machine isolée, ils se portent à la distance réglementaire de 1.000 mètres et plantent sur l'accotement de la voie un piquet portant à son sommet une plaque avec l'inscription en lettres blanches « Machine isolée » surmontée d'un signal rouge ou d'une lanterne rouge qui porte la même inscription sur son verre rouge, si la machine isolée circule pendant la nuit.

Ils posent, en outre, des pétards sur la voie à 25 mètres en avant du signal d'arrêt pour l'appuyer et rejoignent ensuite la machine isolée. Le mécanicien prévient la gare suivante de la présence sur la voie des signaux de couverture pour lui permettre de les faire enlever le plus rapidement possible.

Le Chef d'un train qui rencontre ledit signal et marque l'arrêt devant lui est ainsi prévenu qu'il a devant lui une machine en détresse ou arrêtée en pleine voie ; il enlève le signal et le prend avec lui et donne l'ordre de départ au Mécanicien en lui prescrivant de marcher avec prudence et de manière à pouvoir s'arrêter dans la partie de voie en vue, jusqu'à ce qu'il ait rejoint la machine isolée ou qu'il ait acquis l'assurance que cette machine isolée a pu se remettre en marche et a l'avance exigée par le Règlement.

Toute machine circulant isolément doit être pourvue en outre, de ses agrès réglementaires, de deux piquets, deux plaques, deux drapeaux rouges et deux lanternes disposées comme il est dit ci-dessus.

*c) Couverture des trains légers ou des machines circulant isolément au moyen des mâts de Conducteurs.* — Il peut arriver qu'un train léger ou une machine circulant isolément soit arrêté à un mât de signaux près duquel se trouve un levier d'un mât de Conducteurs (mât dont l'emploi vous a été expliqué lors de l'étude de l'Ordre général 11).

Dans ce cas, ce mât doit être immédiatement tourné à l'arrêt par les soins du Chef de train ou du Mécanicien, s'il s'agit d'une machine isolée sans Chef de train. Le mât de Conducteurs reste fermé après le départ du train léger (si ce dernier doit être couvert) ou de la machine isolée et ne doit être effacé que lorsque ce train (ou cette machine) est couvert par le mât qui l'avait arrêté, c'est-à-dire a dépassé le poteau limite de protection de ce mât.

Si le Chef de train ou le Mécancien de la machine isolée sans Chef de train n'a aucun moyen de faire assurer, par un Agent de la voie par exemple, la réouverture du mât de Conducteurs en temps utile, il arrête son train (ou sa machine) au poste chargé de la manœuvre du mât qui l'avait arrêté et prévient l'agent de ce poste qui prend les mesures commandées par les circonstances et peut au besoin prescrire au Chef du train léger ou au Chauffeur de la machine d'aller ouvrir le mât de conducteurs.

*Trains mixtes assimilés aux trains légers au point de vue de leur protec-
tion pendant leurs stationnements aux arrêts de pleine voie.*

Les prescriptions qui précèdent concernant la couverture des trains
légers pendant leurs stationnements aux arrêts de pleine voie, sont applicables à certains trains mixtes désignés par une mention spéciale sur les
tableaux de marche pendant leurs stationnements à des arrêts non munis de
mâts de signaux.

La marche de ces trains est tracée de telle sorte qu'il y ait toujours sur
le parcours compris entre les gares situées de part et d'autre de chaque arrêt
un intervalle d'au moins une heure entre eux et les trains réguliers et
facultatifs qui les suivent. De plus, ces trains sont couverts pendant leurs
stationnements aux arrêts, s'ils ont perdu plus de 30' depuis leur départ de
la dernière gare précédant l'arrêt.

S'il y a lieu de couvrir lesdits trains, cette couverture est assurée par le
Conducteur de queue, sous la responsabilité du Chef de train, dans les conditions indiquées plus haut, pour ce qui concerne l'usage des pétards et piquet
avec plaque et lanterne. Sur ces plaques ou lanterne l'inscription « train
léger » est remplacée par celle « train arrêté à... » (ici le nom de l'arrêt de
pleine voie).

## § VIII. — Service à l'arrivée

Les prescriptions relatives au service à l'arrivée font l'objet des articles
37, 38 et 39 de l'Ordre général.

Lorsqu'il est arrivé à destination, le Chef de train doit faire la remise
des colis et feuilles dans les mêmes conditions que dans les gares du
parcours.

Il doit remettre à la gare d'arrivée le « Journal du train » après l'avoir
signé contradictoirement avec le Mécanicien et en avoir reporté les faits
principaux sur un registre de rapport mod. 906 qui reste à la gare.

Toutefois, si le Chef de train continue sur une autre section, il peut
confier à un Conducteur le soin d'établir le rapport du train. A défaut de
Conducteur, ce rapport est dressé par un Agent du Bureau du Mouvement.

Le Chef de train enfin ne doit quitter la gare d'arrivée qu'après avoir
rempli ces diverses obligations et s'être présenté au Chef de gare.

1.500 ex. in-4° carré bulle 10 k. — CAHORS, IMP. COUESLANT (890-6-27)

www.ingramcontent.com/pod-product-compliance
Lightning Source LLC
LaVergne TN
LVHW022319170726
843503LV00006B/2599